女性のための

# 修身教授録

Lessons to Live
Well For All Women
Who Forge the Future
of Japan

森信三

致知出版社

# 女性のための「修身教授録」＊目次

装幀―川上成夫／装画―波多野光／編集協力―柏木孝之

# 女性のための「修身教授録」

# 1　新学年のあいさつ

　今年はご縁があって、あなた方の組の「修身」の授業を受け持つことになりました。そこでまず最初に、少し考えるところがありますので、わたくしのお話しすることは、すべて控えを取っておいていただきたいと思います。これはなかなか骨の折れることではありますが、しかしやっていれば、次第にその意味も分かってこようかと思います。それゆえ最初からどういう考えでかようなことをしていただくかということは、ただ今は申すことを差し控えたいと思います。

　まず最初に修身科というものは、一体どうあるべきかということについて、多少わたくしの考えをお話し申しておきましょう。修身科はすでにその名も示すように、わが身を修める学問であります。ですからわたくしたちは、この自分というものを修めるところまでいかなければ、真に修身科を学ぶ者とはいえないわけであります。

ところが、これまで修身科に対するあなた方の態度や考え方は、一体どんなものだったのでしょうか。人々の多くは、修身科というものは、ただ教室で教科書の内容について、先生が説明されるのを聞いているだけで、事が済むかのように考えていた人が、多かったのではないでしょうか。したがって時間の終わりの鐘が鳴れば、もはやそれで修身科の時間は終わったかのように考えていた人が、多かったのではないでしょうか。

ところがかような考えでは、何年、何十年修身の話を聞いたとしても、ほとんど何の役にも立たないでしょう。真の修身は、実は授業の終わりの鐘が鳴ったところから始まるのです。すなわち今こそ、その一時間の間に聞いた事柄を実行に移す時が来たわけです。現に終わりの鐘が鳴ってから、教室を出るまでのわずかの間にも、各人の考え方や態度は、千差万別に現れるともいえましょう。

試みにクラスの人々の、教室の出方を見ていてごらんなさい。先生の姿がドアの外へ消えるや否や、すぐにあくびをする人、のびをする人、話を始める人、また同じくあくびをするにも「あーあ」と声を出してする人、声は出さないが手放しで大口開いてする人、手で口をおおって、心持ちうつむき加減にする人等々、このようにあくび一つをとってみても、人間の段階は千差万別でしょう。ですからあなた方は、ただ先生によく思われて、点数さえもらえばそれでよいというような、そういうさもしい根性では、とうてい真の人間にはなれないでしょう。

さらに一歩廊下に踏み出したら、どのように廊下を歩むか、また階段の上り下りをどのようにするか、その一歩一歩が真の修身です。またお手洗いへ行くその出入りの一々、また道を歩くにはどのように歩くか、電車に乗ったらどのように腰をかけるか、また立っている場合にはどのような態度で立つか、それらの一々がすべてこれ修身であり、人格修養の道場といってよいわけです。

道場は必ずしも禅寺の坐禅堂とか、何々修養道場などというものばかりとは限りません。今申したように電車やバスの乗り降りから、道の往復そのものまでが、わたくしどもにとっては、すべてが生きた修養の道場です。そこであなた方は、禅宗の修行僧が坐禅堂で坐禅をしているような気持ちで、電車に乗るのがよいでしょう。

ところがわたくしたちにとって、さらに大事な修養の道場は、実は家庭であります。この点については、いずれ順を追ってお話ししますが、人間ができているか否かは、主としてその人の家での暮らし方のいかんに基づくといってもよいでしょう。そしてこのことは、あなた方女性の場合においては特にそうだと思います。

以上申したように、真の修身というものは、決して修身の時間の中だけに留まるものではないわけで、むしろ一日二十四時間のうち、修身科以外のすべての時間こそ、かえって真の修身の時間だともいえましょう。先に申した事柄の一々については、いずれ申してまいりますが、とにかく最初にまず修身科の本質を明らかにするために、真の修身科とはいかなるものかということを、はっきりさせておきたいのです。

すなわち真の修身科とは、この現実のわが身自身を修める学問であり、徹頭徹尾実行の学問であると申してよいでしょう。したがって真の修身は、教室だけで終わるものでは断じてなく、むしろ教室を出てからこそ、真の本舞台にかかるといってよいでしょう。

これまでのように、修身科とは退屈な時間ではあるが、しかしまあ黙って聞いていればそれで済む、というような生ぬるい考えを一擲《いってき》して、これを絶好の機会とし、自己の根本的な改造を決意し、この一年間でまったく生まれ変わった人間になろう、というような一大決心をもって臨んでいただきたいのです。

これは今年あなた方の修身を受け持つご縁のできたわたくしが、学年始めにあたりあなた方に対する唯一の希望であり、かつお願いでもあります。

＊「人生二度なし」
これ人生における最大最深の真理なり。
＊幸福とは求めるものでなくて、与えられるもの。自己の為すべきことをした人に対し、天からこの世において与えられるものである。

# 2　稚心を去る

わが友の命をぞ思ふ海山のはたてにありて幾とせ経つる　　赤　彦

島木赤彦が茂吉の病気を長崎に見舞った時の歌ですが、そうした情景が何ともいえずよく表現されています。流石《さすが》だと思いますが皆さん方いかがです。とにかく歌は説明よりもよく読んで味わうことです。特に誰もいないところで、少し声を出して読むとよいでしょう。暗誦していればもっとよいのです。

修身科の根本目標については、すでに前の時間にお話し申したことで、一応明らかになったことと思います。そこで次には、この大きな根本目標に向かって、一歩踏み出さなくてはならぬわけですが、それについてあなた方として、ある意味で一番大切なことは、一体何かというに、それは「稚心《ちしん》を去る」ということではないかと思うのです。

かの明治維新の志士橋本左内《さない》先生が、十五歳の時ご自身の志を立てられた際に書かれたものに「啓発録」というものがあり、これは松陰先生の「士規七則」と並び称される有名なものですが、この「啓発録」の書き出しは、実にこの「去稚心」という問題なのであります。

それではこの「稚心を去る」とは一体どういうことかと申しますと、読んで字のごとく「稚心《わらべごころ》を捨て去る」ということであります。すなわち子ども臭い甘え心を振り捨てて、もう少ししゃんとした人間になるということなのです。換言すれば、自重自任する人間になるということにほかならぬのです。

そもそも真に教育を受けるとは、道を求める人間になるということでありましょう。同時にそれは、また真の意味での学問をするということでしょうが、そのためには何よりもまず、自ら責任を負い得る人間になることが大切だと思います。もちろんそれだけで、教育のすべてを尽くすとはいえないでしょう。しかし自重自任、もって真に責任を負い得る人間になるということは、教育の根本眼目といってよいでしょう。

すなわちたとえ教科書の内容をよく記憶し、したがってまた点数も相当の点をもらったとしましても、もし重大な責任のある事柄に際して、一向に子ども臭い考えで人に甘えて、その責めを果たすことができなかったとしたら、そのような人間は決して真の教育を受けたとか、いわんや真に学問をした人とはいえないでしょう。


そこで今あなた方は、この四月からは三年生として、一部生の中堅になったわけですから、まずこの子ども臭さを振り捨てる決心が第一だと思うのです。もちろんあなた方は、これまでとても、そういう点にまったく気づかなかったわけではないでしょうが、しかし学年を新たにした今日、特にこの点の覚悟が大切だと思うのです。

そもそもこの子ども臭さがとれないということは、いわば器《うつわ》がふたを被《かぶ》っているようなもので、このふたを取らないことには、どんなに立派な物も、その中に入れることはできないわけであります。ですからあなた方も、自分に被さっている子ども臭さとか、甘え心というふたを取らないことには、これからわたくしのお話しする事柄も、とうていその真の意味は分かっていただけないと思うのです。

さて三年生になったあなた方には、今や下級生がふた組もできたわけであります。どうも生徒時代には、自分より上級の人々については、善悪ともによく知っているものですが、自分より下級生、特にすぐ下の辺りの人々が、自分のことをどんなに見ているかというようなことには、とかく迂闊《うかつ》になりがちなものであります。

早い話があなた方は、現在上級の人々に対しては、名前なども比較的よく知っていることでしょう。ところが下級生の名前となると、上級生ほどには分かってはいないでしょう。ところが今も申すようにあなた方のほうでは、二年生や一年生の人々については、あまり注意していなくても、先方ではすぐ上の上級生として、あなた方のする事なす事は一挙一動にいたるまで、すべていろいろと話題に上がっていることでしょう。おそらくあなた方の歩き方や言葉づかいは無論、髪の結い方から、さらにはあなた方の持ち物にいたるまで、すべてが下級生にとっては、関心の的となっていることでしょう。

この点、実に大事なことだとわたくしは思うのです。総じて人間が聡明《そうめい》であるか否かは、こうした点にどれほど深く気づくか否かということだともいえましょう。あなた方はこれまで、自分が廊下をどのような格好をして歩いているか、ほとんど考えたこともないでしょう。しかし下級生の間では問題になっているに相違ありません。それはちょうどあなた方が、現在四年五年の人々を見ているのと同じわけです。人間もこういうことに気がつき出しますと、廊下一つ歩くにしても、これまでのように、ただぼんやりと、お人好しには歩けぬということになりましょう。

それよりもあなた方は、今年一体幾つになられたのですか（先生この時クラスの者の年令をお尋ねになった）。今伺いますと、十八歳の人が大部分のようですが、これが昔であれば、十七八といえば、もう立派な嫁入り盛りの年頃です（一同笑）。現に「鬼も十八　番茶も出花」という諺《ことわざ》さえあるでしょう。つまりこれは、鬼でさえ十八くらいにもなれば、多少は美しくなるという意味であって、つまり女性は十八にもなれば、昔ならもう立派な嫁入り盛りだという意味です。

もちろん現在の社会では、十七八は結婚年齢としては早過ぎますが、しかし女性の結婚年齢が遅くなるということは、当人はもとより、国家全体の上から考えても、手放しで喜ぶべきことではないと思います。

もちろん、こう申したからといって、現在のあなた方に結婚をおすすめするというような意味ではありませんが（皆笑う）、同時にまた他の半面、あなた方としても、そういつまでも甘え心でいてはいけないと思うのです。それというのも女性というものは、そういつまでもわが家にいられるものではありません。そしてここに女性の運命があるといってもよいでしょう。

そして子ども臭さや甘え心を去って、真剣に自分の現在ならびに将来に対して、深く考えねばならぬと思うのです。同時にこれこそあなた方にとっては、真の修養の第一歩といってよいわけです。同時にこうした意味からもわたくしは、ここに掲げた「稚心を去る」ということは、人間が道に入る最初の関門といってもよかろうと考えるわけであります。

# 3 着手点

山かひに入江は照れりわが友の命《いのち》を見むと我は急ぐに　赤彦

この歌も前の時間にご紹介したのと同じく、茂吉を見舞いに長崎へ行った時の歌で、友とはいうまでもなく茂吉のことです。はるばると病友を見舞う切実さが、一首の調べの上によく流露していると思いますが、みなさん方はどう思われますか。汽車の進行をまどろこしく感じる一種の切迫した感じが、一首の調べの上によく出ていると思うのです。

さて前の時間には、「稚心《ちしん》を去る」すなわち子ども臭さを捨ててかからなければ、真の修養への第一歩は踏み出せない、ということを申したわけですが、では一歩を進めて、その子ども臭さを捨てる実際の手掛かりは、一体どういうところに求めたらよいでしょうか。

すべて物事というものは、どうするのがよいかということ、すなわち目標を立てることは比較的容易ですが、そこから一歩すすめて、ではそれを実現するには、一体どういうことから始めたらよいかと、着手点へ切り込んでみますと、とかくしどろもどろになりがちなものであります。それゆえ、一見いかにも立派そうな考えでありましても、実行の着手点をはっきりと見定め、そこをしっかりと押さえてかかるのでなければ、畢竟《ひっきょう》するに単に一場のお話に過ぎないことになりましょう。

ですから、他人《ひと》に向かっていう場合はいうまでもありませんが、たとえ他人の話を聞く場合でも、常にこの着手点ということを念頭において、聞くようにしなければならぬでしょう。

さてかような立場から、「稚心を去る」工夫の第一歩として、わたくしはまず言葉から改めてかかるのが良いと思うのです。そして言葉の中でも、まず子ども臭い言葉や乳臭い甘ったるい言葉をなるべく使わぬようにするということです。そしてその手始めとして、まず他人に対しては自分の身内の者のことを話す場合に、敬称・尊称を用いないということです。

たとえば先生から「あなたのお父さんはお幾つですか」と聞かれた際「はい、うちのお父さんは今年何歳です」と言うのはまずいというわけです。これでは小学生の答えです。そこで、もう子どもでないあなた方としては、「はい、父は今年何歳になりました」とか、「うちの父は何歳です」とかお答えすべきでしょう。

このように自分の両親のことを他人様にお話しする場合には、「父は、母は、兄は、弟は、妹は、何々しています」というふうに、必ず敬称をつけずに言うべきです。

そこでまず最初に深く自覚した人から、ジリジリと、少しずつでも改めていくほかないと思うのです。その第一着手としては、先にも申すようにまず他人に語る際、身内の者の敬称を省くことから始めるのがよいでしょう。言葉というものは、一度癖になりますと、これを直すのは実に容易なことではありません。直さねばならぬことが心では分かりきっていながら何となくてれ臭いとか、決まりが悪いとか思えて、なかなか直らないものであります。

たとえば母のことを「母ちゃん」と呼びつけた人は、十七八歳にもなりながら、なお「母ちゃん」から「お母さん」へは、なかなか乗り越え難いものであります。否うっかりすると、結婚して子どもまでありながら、里帰りでもすると依然として「母ちゃん、母ちゃん」という人も、いないでもないらしいですが、そういう甘ったれと結婚した御主人は、まことにお気の毒なことですね（一同大笑）。

そもそも修養上言葉の問題は、実に大事なものであります。古語にも「辞《ことば》を修めて誠を立つ」とありますように、わたくしどもはただ言葉を修めるだけでも、誠の世界にいたり得るのであります。

したがってまた言葉の問題は、実に際限がないわけですが、しかしそれらについては、今後申すことにして、さしあたりもう一つ。それは、他人に対する場合には身内について敬称や尊称を用うべきではないということでしたが、同時にもうあなた方くらいの年頃になったら、身内の人に対しては、今までよりも丁寧な言葉を使うようにしないといけないでしょう。お父さんやお母さんに対してはもとより、兄さん姉さんなどに対しても、あまりに敬意を欠いた言葉は、慎《つつし》まねばならぬでしょう。否そればかりでなく、弟や妹に対しても、無遠慮に勝手なことを言い放題というようでは、よくないと思うのです。

すべて人間というものは、また目下の人に対する言葉づかいによって、その人柄が分かるといってよいようです。相手が目下の人だからといって、無作法な言葉づかいをするのは、その人の人柄の卑しい何よりの証拠であります。

かような点についてはあなた方としても、今後特に注意が必要かと思われますので、ついでにちょっと申し添えた次第です。では今日はこれまで。

# 4　言葉について

この前の時間には、わたくしたちが真の人間になる第一歩は、まず「稚心を去る」ことであり、そのための第一着手としては、子ども臭い言葉を慎《つつし》むべきだということを申したわけですが、今日は引き続き、もう少し言葉のことを申してみることにいたしましょう。それと申すのも、実は前にも申したように、辞《ことば》を修めるということは、そのまま誠の人間になるゆえんでありまして、われわれがわが身を修めるには、何よりもまず言葉を修めることが、その手掛かりといってよいからです。すなわちわが心を清めようとしたら、まず言葉から清めてかかるというのが、現実の着手点というものであります。

そもそも真の修身というものは、最初の時間にも申したように、教室において心に深く響いたことは、必ずこれを実行しようという深い決意を固めて、授業が終わると同時に、直ちに実行への一歩を踏み出すという心掛けでなくては駄目であります。そこで修身の教室から一歩廊下へ踏み出すということは、すでに決心から実行の世界へと、一歩を踏み出すわけであります。否、教室から廊下へ踏み出すまで待たないのであって、自分の席から一歩を離れるところ、そこにはすでに実行へのスタートが始まるわけであります。

この辺の消息が誰言わずとも、ひとりわが内心にボツボツ分かってくるようでない限り、たとえ何年学校に学びましても、人間の修養という点からは、決して真の進歩はないといえましょう。

さて真の修養というものが、先に申したようなものである以上、言葉を慎むということは、修養上格別重要な意味をもってくるわけであります。それというのも真の修養とは、言葉を換えていえば四六時中、心に弛《ゆる》みのないことだともいえるからであります。すなわちいかなる瞬間にも、うっかりするとか、つい調子に乗って——などということの無くなることが、その理想だからであります。あなた方は聖人などといったら、どんな人かと思うでしょうが、聖人とはある意味では、絶対に調子に乗るということのない人、つまり「つい、うっかりして」などということのみじんもない人といってもよいでしょう。

かように申しますとあなた方は、「何と窮屈な」と思われるかもしれません。しかしそれを窮屈と思うのは、いわばだれた人間から、真の人間になる道行きにおいて感じることであって、道に達した人には、それは窮屈どころか、いわば無礙《むげ》自在の境地であって、何ら窮屈などという感じはしないでしょう。それというのも窮屈という感じは、修養しない人間が道に対して感じる、一種の緊張感にほかならぬからであります。ですから一歩修養の道に踏み出せば、もちろんそこには苦しみもありましょうが、同時にまたそれだけの楽しみもあることとゆえ、決して窮屈とは感じないことでしょう。

修養ということが、今申したように四六時中、心に油断のないことだとしたら、言葉を慎むということは、それに近づく最有力な手段の一つだといえましょう。と申すのも人間というものは、お互い常に話をしているものであります。話といえばよろしいが、実は始終おしゃべりをしているのであります。否、起きている間は、ほとんどおしゃべりのし通しといってもよいほどです。

試みに今正味わずか五、六分か、せいぜい七、八分しかない放課時間中、自分の周囲のお友だちがどの程度おしゃべりをしているか、それとなく観察してごらんなさい。いかに多くの人が、いかに多くのムダ話をするものかということに、定めし一驚を喫せられることでしょう。

だがそれは、同時にまたお互い自身の姿でもあるわけです。それというのも、お互い人間というものは、何か仕事にでも熱中していればとにかく、そうでもない限り、相手さえあればたとえ五、六分の間でも、黙ってはいないものであります。つまり言葉というものは、それほどまでわれわれの生活とは、密接な関係をもっているわけであります。それゆえ、今その一つ一つを、念入りに慎んでいくとなりますと、その骨の折れることもまた大変であります。が同時にまた、それだけの効果は必ずあるわけです。

かくして言葉を慎むということは、修養の始めであるとともに、また実にその終わりといってもよいでしょう。このように、言葉を慎むことが修養の終わりだということは、真に言葉を慎む工夫と取り組んでいる人なら、必ずや同感されるに相違ないと思います。実際言葉を慎むということは、その意味からは修養の極致といってもよいでしょう。さればこそ古人も「辞《ことば》を修めることによって誠が立つ」といわれたゆえんであります。

さて言葉を慎むといっても、その内容はいろいろありましょう。そこで第一は何と申しても、まず言葉数を少なくするということでしょう。すなわち必要のないことは、なるべく言わないということです。そして話をした後では、必ず今自分の話した事柄について、それが果たして、必要の範囲を越えはしなかったかどうか、すなわち「言わなくても済むことを、ついうっかり言ってしまったのではないかしら」と、一々わが心に点検してみる心掛けが大切です。

次には下品な言葉を使わないということです。その中でも、特に自分の口癖になっているような二、三の下品な言葉は、これを根こそぎにすることが大切です。すべて修養上の事柄は、かように焦点を定めて努力するということが、大いに利き目のあるやり方です。

次には自分の言うことが、相手にどのような感じを与えるかをぼんやりしないで、一々相手の心持ちを察しながら、話を進めて行くということです。実際お互いにぼんやりしていますと、自分の言葉がいかに相手の心を傷つけたか、そこに居合わせた第三者にはよく分かっていながら、肝心のご本人はとんとそのようなことには気づかずに、平気でしゃべり続けるという場合が少なくないものです。そもそも話というものは対話ですから、自分の語る一語一語が、相手の胸にいかに響き、いかにこたえるかを、一々察しながら話さねばならぬのであります。

かように申せばあなた方は、「何と窮屈なことを」と思われるかもしれません。しかし少し努力いたしますと、窮屈という感じよりも、むしろこれまでの無考えな自分の態度が恥ずかしくなり、時には空恐しくもなりましょう。

こう申すと失礼ですが、あなた方は言葉を慎むということが、修養上いかに大切かということについては、これまで真の意味がよく分からなかったのではないかと思います。

なるほどおしゃべりがよくないとか、下品な言葉のよくないということくらいなら、誰でも知っていたといえましょう。しかし言葉を慎むということが、人間の修養上、少なくとも現われた面の工夫としては、一番の眼目をなすものだとまでは、恐らく考えなかったことでしょう。


さて人間の修養の眼目は、これを内面からいえば、一心を浄《きょ》めるということであり、これを現われたところから申せば、まず言葉を慎むということが、その中心をなすといってもよいでしょう。一心を浄めるとは、すなわち誠ということでしょうが、しかも言葉を慎むということは、実はそのままこの誠にいたる道なのであります。かの「辞を修めて誠を立つ」とは、まさしくこのことであります。

あなた方がこれまで、言葉に関する注意をいろいろな方から聞きながらとかく言葉を慎むことのできなかったのは、この根本の道理が真に確信としてつかまれるまでにいたっていなかったからでしょう。すべて修養のことは、根本の道理が深くよく分かって自分の確信となり、さらには信念となるようでなければ、真実には貫き難いものであります。では今日はこれまで。

＊人間は一生のうち逢うべき人には必ず逢える。しかも一瞬早過ぎず、一瞬遅すぎない時に――。
＊縁は求める心がないと得られません。たとえその人の面前にあったとしてもついに縁を結ぶことはできないで終わってしまいます。
＊真の読書は、この現実界のもろもろの理法を明らかにするだけでなく、この二度とない人生を全的充実をもって生き貫くための力を与えられる「い、の、ちの宝庫」だともいえましょう。

# 5　歩行

わが友をのこして下る山道の真下《ました》にかなし朝明けの海　　赤彦

これが「長崎」という一連の歌の最後の一首ですが、なかなか余情があってよい歌ですね。わずか三十一字しか使っていないわけですが、われわれが詠《よ》んだのでは、とてもこういうわけにはまいりません。この一首だけをとってみても、赤彦はやはり現代における最高の歌人といわれるだけあると思いますね。

あなた方は、自分の歩き方というものについて、これまで考えてみたことがありますか。と申すのは、つまり平常何気なく廊下や道を歩いている場合とか、または階段などを昇り降りする場合などに、ふと自分の歩き方は、果たしてこれでよいのかしら、と考えてみたことがありますか。言い換えれば、あなた方はこれまでに自分の歩き方を反省して、これを改めねばならぬと考えたことがおありでしょうか。

もちろん歩き方だけではありませんが、すべて物事というものは、とくに修養上の事柄は、かように日々わが身の行いや振舞いについて、われとわが身をふり返って、これを改めるという心掛けにならなければ、何年修養の話を聞いたとしても、またいかに多くの書物を読んでみたとしても、ただ素通りするだけで、現実の自分というものは、いっこう改まるものではありません。ただ修身の時間に聞いて、その時だけ「なるほど」と思ってみたとしても、それだけではいつしか消え去って、決して実行できるものではありません。

失礼ながら、あなた方のこれまでの生活は、多くの事柄がそうではなかったかと思うのです。もちろん話を聞いても、何ら感じないようではどうにもなりません。しかし、その場で感激しただけでも、まだ本当には出発したとはいえないのです。感激したことをその場だけに留めないで、幾日か過ぎた後でも、なおそれを思い出して、ぜひともこれを実行せずにはおかぬと、人知れず決意するようでなければ、決して修養の進歩はあり得ないでしょう。しかもお互い人間は、ただ決心しただけでは、必ずしも常にそれを思い出しているとは限らないのです。

しかしまた決意を深めてゆくことによって、最初の間は十日に一度くらいしか思い出さなかったのが、次には週に一度くらいは思い出すようになり、週に一度が五日に一度となり、さらには一日に一度というように、次第にこれを思い浮かべるようになり、かくしてはじめて実行の緒《ちょ》につくわけであります。このように思い浮かべる回数が、次第に多くなっていくことが、すべて修養上の道行きといってよいのです。ですからまた修養上の工夫は、これを「知」という側から申しますと、「常知」すなわち常に知らざる時無しというようになるのが、真の理想といえましょう。

そこで今歩むという事柄ですが、歩行の心得としては、何といってもまず「静か」ということが第一でしょう。これは男性の場合にもそうですが、特にあなた方のような女の方の場合はそうであります。ところがどうも近頃は、この歩行の静けさというものが、女性から次第に無くなりつつあるようであります。そもそも歩行が静かだということは、実はその人の心が静かだということであります。

近頃女性の歩行が静けさを失ってきたということは、わが国の女性の心から、次第にその静けさが失われ出したということの、何よりの証拠ともいえましょう。ところが心の静けさを失うということは、実はその充実を欠き、心に弛《ゆる》みが出てきたということでしょう。それと申すのも、歩行の静けさは、心の静けさに基づき、心の静けさはその充実と統一によるからであります。

そこであなた方は、静かに、しかもすっきりと歩くようにと、常に気をつけることが大切でしょう。その人の歩行がバタバタと慌《あわ》ただしいのは、結局はその人の心がガサガサしている証拠であります。同時にまた歩行を静かにするということは、逆に心を静かに保つゆえんでもありまして、歩行をすっきりさせるには、どうしてもまずその心をすっきりさせなければなりません。ですから常に心を深く引き締めている人の歩行は、静かでしかもすっきりと引き締まっているものです。

これに反し、調子に乗ってうわついている人の歩行は、どうしてもバタバタしがちであります。また心がかさかさと潤いのない人の歩行は、歩行そのものもまた、とかくがさついているものであります。ですからこれらの点については、お互いに深く反省しなければならぬと思うのであります。仮に急がねばならぬような場合でも、外からはあまり急いでいるように見えないというのが、たしなみのある人というものでしょう。すなわちじたばたしないで、しかも急げるようでないと、真にたしなみのある人とはいえないでしょう。

そこで階段の昇り降りなども、なるべく音を立てないように——という心遣いが大切です。音を立てないためには、どうしても爪先を多く使わねばなりません。ところが、爪先を多く使うということは、常に心の引き締まっている人でないとできないことです。そこで心の内面的な緊張を欠いた人は、ほとんど例外なく、階段をバタバタと音を立てるようであります。実際女の人の人柄を知るには、その人が一度二階へ物を取りに行くのを見れば、その足音で大体は分かるものです。近頃の教育では、女性としてのたしなみということが、とかくおろそかになってきましたから、若い娘さんでありながら、階段をドタバタ音をたてて上下する人が多いようであります。

次に大事なことは、歩む際には前方を見て、なるべく左右を見ないようにということです。もちろんそう申したからとて、気どって歩いたり、また他人からすましているなどと言われることのよくないことは、申すまでもありません。が同時にまた、あちらを眺めこちらを見回しながら歩くということは、下品ではしたないものでありますす。それと申すのも、左右に気が散るということは、その人に色気の多い何よりの証拠といえましょう。でもこの左右を見ないということ一つさえ、あなた方の考える程に、そうたやすいことではありません。その困難さ加減は、実地に試みた人だけが知っていることでしょう。

なお二人以上並んで歩くということは、人通りの少ない田舎《いなか》道ならとにかく、なるべく避けるのが本当でしょう。しかしこのことなども、あなた方はこれまで何度も聞いたことでしょうが、十分に行われているとはいえないでしょう。そこでもし三人並んで歩いているところへ、もう一人加わって四人になったなら、自分がまず後ろへ回るように心掛けることです。

これはあなた方くらいの年頃の人では、考えつかないことかもしれませんが、後からつけ加わったために、四人五人となったら、まず自分が後ろへ回るというくらいのたしなみがあって欲しいものです。この最後の一点の止《とど》めがささっていなければ、大勢で横になって歩くべきでないと、幾度聞かされても、結局は上の空というほかないでしょう。

なお目上の方と歩く場合には、やや遅れがちに歩くものです。そうして、特にすすめられない限りは、同列に歩くべきではありません。

雨天の際は、申すまでもないことながら、雨傘を正しく持つように――つまり傘の柄を真っすぐに垂直に持つのです。女性の身で、傘の柄を肩にかついでさすなど、いかに学生とはいえはしたない限りです。また傘の石突きで、地面をコツコツ突いたり、引きずったりしないように――。ことに立ちどまっている時、コツコツさせる癖などは、たしなみのある人の態度とは申せません。

かように考えてまいりますと、歩くということ一つでも、なかなか容易でないことがお分かりでしょう。同時にこれによっても分かるように、真の修養とは、この「歩行」一つにもうかがえるように、これまでのあなた方の生活を、根本から立て直すほかないということが、多少はお分かりいただけたでしょうか。

ついでですが、あなた方は電車その他の乗物に乗った際、膝《ひざ》頭の間を開けないように――。この膝の弛みというものは、貞操観念の程度を測る何よりのバロメーターといってよいでしょう。

もう一つ。なるべくあくびを人に見られないように。――もっともあくびをしないようにといったらムリでしょうが、他人に見られぬように――ということなら、必ずしもムリではないでしょう。それについて一つの妙法は、口を閉じたまま、舌の先で上唇の内側を、人に知られぬようにそっと舐《な》めるのです（舌を外へ出していけないのは、申すまでもありません）。するとまずあくびを他人に知られずに済むでしょう。あなた方自身、早速試してごらんなさい。これはわが国の武士道の中でも最も厳しかった佐賀の「葉隠《はがくれ》」武士道で、青年武士のたしなみとして教えた「聞書」の中に載っていることです。では今日はこれまで。

# 6 修養の「場」としての家

家というものは、普通には、ただのんきにくつろぐ場所と考えている人が多いように思われます。たとえばあなた方にしても、外ではすまして物を言っていても、ひとたびわが家に帰れば、たちまち地金《じがね》を出して、弟や妹と大声で言い争いをすることも珍しくはないでしょう。あるいは人前では、いかにも慎《つつ》ましやかに、「あくび」なども隠していた人でも、一旦家族の前となると、平気で大口あけてあくびをする。また他所へ行っては、いかにも慎ましやかに座る人でも、家での格好は、まったく見ていられないという場合の多いものです。

そこでもし、あなた方自身の家における生活が、仮に日曜の一日だけにもせよ、朝起きてから夜寝るまでの様子が、こっそり写真にでも撮られていたとしたら、一体どんなものでしょう。おそらく大抵の人が、顔が赤くなることでしょう。

　このように考えてくる時、わたくしたちは、家というものに対するこれまでの考え方を、少々変えなくてはならぬのではないでしょうか。つまりこれまで家というものは、誰も見ていないところであるから、息抜きの場所でたとえどんな格好をしていようと、またどんな言葉づかいをしようと一切構うことはない、というような考え方を切り替えて、家こそわたくしたちにとっては、真に修養の道場であるというように、考え方を根本的に変えねばならぬと思うのであります。

　それというのも、人前で身を慎《つつし》むということなら、馬鹿でない限り、一応誰でもすることでしょう。ですから真の修養とは、他人《ひと》の見ていないわが家における態度が、いかに改まるかということといってもよいでしょう。

　そもそも人間の「気品」というものは、いわばその人の背後から射してくる後光みたいなものでありまして、それは結局その人が他人の見ていないところで、どれほど自己を慎むかどうか、その程度によって光の射し方が違ってくるわけであります。つまり人間の「気品」とかゆかしさとかいうものは、その人が他人《ひと》知れぬところで慎む心の慎みの功徳《くどく》が、いわば見えない光となって、射し出るようなものであります。現にゆかしいという言葉は、奥という字をつけて奥ゆかしいともいうでしょう。この場合奥というのは、底がはっきり見えぬということで、つまりその人が他人の知らぬところで慎むところから射す心の光というわけでしょう。

このように考えてきますと、人間の修養の深さは、人前と家との差が無くなることだ、といってもよいでしょう。つまり時と場所とが変わっても、その人の根本の心構えが変わらぬということであります。さらに言い換えれば、場所のいかんによって、心に弛みが出ないということです。

これはまた相手のいかんによって、心を弛めないことだともいえましょう。今これをわたくし自身について申してみれば、校長先生に対する場合も、あなた方に対する時も、根本の心の引き締まりにおいては、少しも変化がないということでなければならぬわけです。さらには家に帰って家人に対する場合にも、変わらないというところまでいかねばならぬわけですが、しかしこれはなかなか容易なことではありません。

同様にあなた方にしても、まず学校で先生方に対する場合と、お友だち同士の場合とでは、根本の心の態度を変えぬということが第一歩です。つまり友達同士だからといって、みだりに心を弛めて、言い放題の勝手とならないように、心の根本をしゃんと引き締めて、弛めないということです。

しかしこれは多少努力すれば、ある程度まではいけないものでもないでしょう。ところがそれをわが家にまで及ぼして、先生や、お友だちに対したのと同じ心の緊張度で、弟妹やその他の家人に対するとなると、これは実に容易なことではないと思います。しかしこの困難さに向かって、少しずつでもメスを切り込んでいくのでなければ、真の人間にはなれないでしょう。

人間の引き締まりというものは、ある意味から申せば、その人が家庭において、いかに心を引き締めているか、その心構えの反映といってもよいでしょう。

たとえば今あなた方のひとりが、わが家における食事の際、どれほど姿勢を正して食事をするかということが、その人の人間的な態度や様子の上に反映するといえましょう。あるいはその人が、家で新聞の散らかっている上を平気で通るか、それともそれをよけて通るか、それともそれを、ちゃんと片づけて通るか、それだけを見ても、人間が三段階に分かれるともいえましょう。

あるいはまた弁当箱一つについても、家へ帰れば、自分の弁当箱だけはすぐに洗う人と、自分で洗いはしないがお勝手までは出しておく人と、お母さんから弁当箱をお出しなさいと催促されるまで放っておく人と、これまた人間が三通りに分かれるといえましょう。

また靴なども同様で、自分の靴さえ家の人に磨いてもらう人と、せめて自分の靴だけはと自分で磨く人と、ついでにお父さんやお兄さんの分まで磨いてあげる人と、これまた三段階に分かれるといえましょう。

しかしかようなことを、一々申していては際限がありませんので、後はあなた方自身で考えてみられるのがよいでしょう。しかしとにかくただ今申しただけについても、大体自分が上の部に属する人間か、中の部に属する人間か、それとも下に属するかは、反省してみれば自分にもよく分かるはずであります。そしてこれこそが、真の操行点というものでしょう。

あなた方はまずこの点に深く目覚めて、わが家における自分の言動に対して、厳しく修養の第一歩を踏み出されるがよいでしょう。そうすれば、学校や世間における生活は、自ら改まってくるものです。

つまり河水の濁りを清めるには、まず遡《さかのぼ》ってその源を清めるほかに途はありません。同様にわたくしどもも、自己を鍛える最上の場所は、結局は家庭のほかにはないでしょう。

かくして家庭生活こそは、実に人間修養の根本道場というべきであります。もしこの趣が真に分かって、家庭におけるわが生活の根本的な立て直しの覚悟が決まったとしたら、もうそれだけでも、その人の態度の上に、一種の緊張が見られることでしょう。すなわちそこには、未だかつて見られなかったような凛乎《りんこ》たる人間的緊張と、それに伴うゆかしさがうかがえることでしょう。

このように考えてまいりますと、普通に家庭の雑事といわれている炊事・育児・掃除・裁縫等々、その他一切の家庭内の仕事は、その一々が女性自身、自己の魂を磨く機会となるわけであります。

その昔、道元禅師が求道のためにはるばる中国に渡って、ある禅寺に入られたところ、ひとりの年老いた長老僧が、炎天下に茸《きのこ》を莚《むしろ》の上に干しているのを見られて「この暑いのに、かような事をご自身でなさらなくても、誰か若い者におさせになったらいかがですか」と言われたところ、その老僧は言下に「他はこれ吾に非《あら》ず」と一喝されたので、初めて道の真髄に触れられたということですが、実際「他はこれ吾に非ず」でありまして、自らなすべき仕事をお手伝いさんにさせておいて、その暇で新聞や雑誌など読んでみたとして、決して自己が磨かれるものではありません。

かくして、家庭におけるもろもろの仕事の一切は、家を道場と覚悟することによって、初めてその一々が光明を放ってくるともいえましょう。

# 7　親を思う心

山鳩の声聞くときは遠々し父のみ魂をありとし思はむ

於室生寺　　金原省吾

この歌は、わが国の東洋美学の権威たる金原省吾さんが、大和の室生寺《むろう》を訪ねられた時詠《よ》まれたものですが、父親について詠んだ歌としては、古今の名歌の中へ入れても、決して遜色《そんしょく》がないともいえましょう。あなた方は、大阪という大都会に住んでいるので、山鳩がどんな声で鳴くか知っている方はないでしょうが、「ホホーホホー」という、実に幽玄《ゆうげん》な声で鳴くのです。そこでこういう歌も生まれたわけです。

この前の時間には、家庭というものは、人々が普通に考えているように、単なるく、つ、ろ、ぎ、の場所で、どんなに気ままにふるってもよいというところではなくて、人間にとっては、修養の道場ともいうべきことを申したわけでした。すなわちその人が人間としてできているか否かは、その人の家庭における生活によって、ほぼ決まるといってよいでしょう。すなわち外側からは分からないその人の家庭における慎《つつし》みが、やがてその人に対して、一種の見えない光となって、常にその背後からゆかしさと気品とを放射してくるわけであります。

では一歩をすすめて、そのような重大な意味をもつ、そもそも家庭生活の根本は何かと申せば、それは申すまでもなく「孝」、すなわち親を大切にするということであります。しかしながら、この「孝」ということは、口では誰もよく言うことですが、しかしいざ実際となると、必ずしも容易なことではないといえましょう。お友達とムダ話をすることなどは、何ら努力もしなくてできるどころか、これを止めるのが、なかなか難しいのであります。しかるに「孝」ということになりますと、これは実際容易でないのであります。

　ではなぜそんなに難しいかと申しますと、それは親に対して甘え心を捨てることが、容易でないからでしょう。すなわち「孝」の難しさは、親に対してこの甘え心を無くすことの困難さからくるのであります。たとえばあなた方が、何かちょっとした用事をお母さんから言いつけられた場合、すぐにそれをやる人は、案外少ないかもしれません。ましてや呼ばれると同時に返事をして、すぐに座を立ち、ご両親のところへ行って、言いつけられたことをすぐに着手するという人は、失礼ながら多くはなさそうに思われます。かような自分のありのままの姿が、ボツボツ見え出してきますと、「孝」ということの決して容易でないことがお分かりになりましょう。

　そこで今「孝」の工夫に対しても、一番大切なことは、親を大事にするということが、実際にはいかに難しいかということに対して、新たなる自覚に立つということでありますす。否、さらに突きつめて申せば、自分がこれまでほとんどこれという、孝行らしい孝行をすることなしに、過ごしてきた人間だということに、深く目覚めることが大切であります。この根本の一点を明らかにしないで、ただ人間は「孝行をしなければならぬ」とか、さらには「人間として孝行のできぬような者は犬猫にも劣る」などというようなことを、いかにいってみたところで、それはまるで霧吹きで、二階から庭木に水をやるようなもので、実際にはほとんど一滴もかかりはしないのであります。

よく反省してみれば、親の言いつけに従うということすら、必ずしも容易ではありませんが、しかし仮りに両親の言いつけにはよく従ったとしても、それだけでは単に受身の程度であって、「孝」としてはまだ消極的にすぎないのであります。と申すのもあなた方くらいの年頃にもなれば、単に受身的にご両親の言いつけに従うというのみでなく、一歩を進めて、言いつけられない事柄についても、時には頭を働かせて「これをしてあげたら、きっとお母さんが喜ばれるに違いない」とか「これをしてあげたら、さぞかしお父さんも喜んでくださるに違いない」と思われるような事柄を、自ら進んでするというようであってほしいと思うのです。つまりそうでなければ、もうあなた方くらいの年頃の人としては、十分とはいえないと思うわけです。

たとえば、何ら言いつけられたことではなくても、家の中で何か一つは、自分が責任を受けもつ事柄を引き受けるということなども、面白いと思うのです。

一例を申せば、せめて夕食後の跡片づけだけでも、自分で引き受けるというようなわけです。あるいはまた家で、自分以外にも靴を履《は》く人があるなら、その人の靴は、自分のと一緒に引き受けて磨くとか、あるいはまた新聞が散らばりやすかったら、新聞の整理係を引き受けるとか、あるいはまた小さい弟妹のある人などは、せめてそのうちひとりの入浴だけは、自分が受け持って一緒に入れて世話をするとか、あるいはまた朝夕の夜具の世話とか部屋のお掃除、あるいはせめて便所の手拭いの取り代えだけでも、自分が責任を持って引き受けるとか等々、一々挙げてくれば実に際限のないことであります。

何でもよいですから、とにかく何か一つは、自ら進んでする仕事をみつけられるとよいでしょう。そしてそれをどこまでも続けるのです。するとその時初めてご両親も心からお喜びになられることでしょう。否、単にお喜びになるというだけでは尽くせない、頼もしさを感じられて、深い心の安らぎを得られることでしょう。というのもご両親としては、あなた方のお手伝いによって、それだけ手が省かれて楽になるという喜びよりも、あなた方がそこまで気がつくようになったという、その心情に対して、何よりも深い頼もしさを感じられるからであります。

否さらに申せば、「あの子もあの調子なら、将来どんなところへお嫁にいこうが、たぶん立派にやっていくことだろう」という安心感が得られるわけです。

*母親は単に家族の一員でなくて、まさに家庭の太陽である。
*朝のアイサツは人より先に!!—これを一生つづけることは、何よりたいせつで、礼の基本です。
*ご飯が喉を通ってしまうまでお菜を口に入れない。これ食事の心得の根本要《よう》諦《てい》である。(「飯菜交互別食法」)

# 8 返事

降る雨の音すばかりこの山の櫟《くぬぎ》若葉はひらきけるかも　　赤彦

これも赤彦の歌ですが、何かしら爽《さわ》やかなものが感じられますね。もちろん雨のことを詠《よ》むのが目的ではなくて、いつの間にか、若葉がこんなにまで開いていたのか、という軽い驚きを詠んだわけですが、それを単に眼に見た視覚だけでなくて、若葉にあたる雨の音という聴覚をも参加させたところに、作者の腕の冴《さ》えが感じられますね。

今ここで「返事」というのは格別のことではなくて、ただ他人《ひと》から呼ばれた場合に、「ハイ」と言って答えるという、分かり切った事柄をいうわけです。ですから今日は、たった「ハイ」という一語を問題として取り上げてみようというわけです。

あなた方はこの「ハイ」という一語が一体どれほど深い意味を持っているか、というようなことは、平素あまり考えていないかもしれません。しかしわたくしの考えでは、人間の人柄というものは、大体その人が、他人《ひと》から呼ばれた際のこの「ハイ」という返事の仕方一つで、大体の見当はつくかと思うのです。それと申すのも、その人の名前を呼ぶということが、その人の全人格に対する呼び掛けであるように、これに対する「ハイ」という返事も、なるほど言葉としては、ただの一言ですけれど、これまた、全人格の発露でなくてはならぬわけであります。

実際人間の第一印象は、返事の仕方いかんによって決まるといってもよいわけです。それゆえこれまではとにかくとして、これからは、いつも返事のことをうっかりせず、ぼんやりした返事でなくて、いつもその時その場における自己の全人格をこめた返事をするように努めていただきたいと思います。

返事にその人の人柄が、いかによく現われるかということとは、たとえばあなた方が、自分の家でお母さんから呼ばれた場合、お母さんの言いつけを本当にやろうとしたら、その時あなた方の返事は必ずやハッキリと、しかも少しの間もおかず、すぐに出ることでしょう。お互い人間というものは、ハッキリと力のこもった返事をしながら、いつまでもぐずぐずしていることはできないものです。否、真の返事であれば、返事と同時にその座が立てるものであります。すなわち真の返事には、必ずそれだけの力がこもるものであります。

ところが、もしあなた方の心の中に、「ああうるさい」というような気持ちが少しでもありますと、それがちゃんと返事の力を抜いて弛《ゆる》めてしまうのです。実際この辺の消息は、実に微妙かつ正直でありまして、いささかもごまかしが利かないのであります。

さて立派な返事といっても、必ずしも大きな声を意味するわけではありません。大きな末広がりの間の延びた声で、いくら大きく「ハーイ」と言ってみたとしても、返事と同時に直ちに座を立って、言いつけに従うという実行的決意がなければ、声ばかりいかに大きくても、これは鉄砲でいえば、ちょうど空砲のようなもので、真の中味がありません。

あなた方はご承知かどうか存じませんか、鉄砲というものは、実弾よりも空砲のほうが、「どかん」というように、かえって大きな音のするものです。これに反して実弾というものは「ぶすっ!!」とか「ずぼっ!!」とか「ずどん!!」とか、人により場合によって多少の相違はありますが、概して外へ広がらないで、音が内へこもるものであります。したがって必ずしも大きな音ではありませんが、しかしそこには何ともいえない凄味《すごみ》があるのです。

同様に本当の返事というものは、ただだだっ広く外へ広がらないで、内にこもる実行の決意を含んでいなければなりません。そこで聞く耳をもって聞けば、返事一つでもその人の人柄が分かるというわけです。

実際だらりと間の延びた返事を、しかも二度三度と呼ばれて初めてするようなことでは、まったくその人柄の程が分かるというものです。つまり真面目で事にあたる気持ちのないことは、言わずして明らかであります。ですから、そうしたものを思い切ってかなぐり捨てて、力をこめて「ハイ!!」と答えてごらんなさい。必ずしも外に向かった大声ではなくても、誠実な実意のこもった返事だったら、座を立たずにはいられないはずです。同時に座を立った以上は、必ず着手せずにはいられないでしょう。実際この辺が人間の工夫のしどころ、心の用いどころといってよいでしょう。

明るくて、しかも爽やかな返事というものは、ひとり自分のみならず、周囲の人々の心をも明るくすがすがしくするものです。この辺のことはあなた方ご自身にも、すでに一応はお分かりのことでしょう。ただ心からしようと思わないからできないだけです。実際正直なもので、心が渋《しぶ》っていますと、どうしても返事も渋らざるを得ないものであります。ですから返事の問題も、結局は心の問題だということがお分かりでしょう。

他人《ひと》から呼ばれた際の返事は、誰でも一応はできるようになったとしても、一番難しいのは、家でお母さん、その他家族の人々から呼ばれた際の返事でしょう。しかしあなた方が、自分の家でお母さんと一緒に過ごせるのは今後どんなに長く見積もってもせいぜいのところ、まず五年から八年までと考えてよいでしょう。ですから、もしこのことが、いつもあなた方の心の底にあるとしたら、返事一つもおろそかにはできないはずで、自ら真実がこもらざるを得ないはずであります。

この点あなた方は、何よりまず女性としての自分の運命を自覚しなければならぬと思います。同時にまたそこに女性としての修養の真の根底があるともいえましょう。いつまでもわが家にいられるかのような、ぼんやりした甘えた考えでいたんでは、自分を磨くことはできません。同時にこの根本の一点さえハッキリしたら、返事の問題などは、たちまちにして改まることでしょう。

人間もわが家での返事が立派にできるようになれば、どこへ出ても一応大丈夫といってよいでしょう。

# 9　弟妹に対して

あなた方のうちにも、無論弟妹のない方も多少はありましょうが、しかし多くの人はまずひとりふたりはあるとみてよいでしょう。わたくしはすべて世の中のことは、普通に人々の経験する事柄は、自分もまたこれを経験するのがよいと考えるものです。

さて一口に兄弟といっても、兄弟と姉妹では、そこには又それぞれの趣に相違がありましょうが、今日はそのうち、自分より年下の弟妹に対して、どうすべきかということを考えてみたいと思います。

弟妹に対する態度としては、愛し労《いたわ》るとともに、さらにこれを教え導くべきでしょう。ところで一応それに違いはないとしても、そのうち愛し労るという面では、まず問題はないでしょうが、教え導くということになりますと、もしそれが本当にできたとしたら、この上ない結構なことですが、しかしこのほうは、よほど深い心掛けがなくては難しいことだと思うのです。

と申しますのも、兄弟の間柄というものは、言うまでもなく「血」を分けた間柄ですから、非常に親しくて気安い間柄であります。そこで仮にあなた方が非常に立派な人としても、弟さんや妹さんのほうから見れば、尊敬というよりは、やはり気安さや親しさのほうが先に立つというわけです。その上に、毎日朝起きてから夜寝るまで、それこそ四六時中起居をともにする間柄ですから、お互いの裏面というものが、それこそ裏の裏まで見え透いているわけです。

たとえばお姉さんのあなた方が、お母さんに呼ばれても、時には返事が渋《しぶ》ったり、さらにはふくれたりすることまで、弟や妹の眼には、ちゃんと映っているわけです。あるいはまた朝の起き際が悪かったり、ないしは着物や書物の整頓がよくないとか、かような事柄まで、すべてが分かりきっている間柄ですから、そこであなた方の言われることは、言葉そのものとしては何ら間違いはなく、もっとも千万だとしましても、さて相手側の弟さんや妹さんとしては、必ずしも一々「ハイハイ」とは聞き難いとなるわけです。

もちろん弟妹としては、姉さんの言うことを聞かなくてよいというのではありませんが、ただ実際問題としては、とかくそうなりがちだというのであります。

あなた方が弟さんや妹さんなどに対する態度としては、一応愛し労《いたわ》るという程度に留めておくのが、よくはないかと思います。そして相手を躾《しつ》けようとか教えようという気持ちは、当分の間は持たないほうがよくはないかと思うのであります。それと申すのも、まだ自分さえ十分にできてもいないのに、なまじいに相手を躾けようなどとはしないほうが賢明だというわけです。

そして弟さんや妹さんを躾けることは、すべてこれをご両親なり、または年上の兄さんや姉さん方にお任せして、あなた方としては、ただ一緒に仲良く暮らして、労り愛するというのがよいでしょう。

ですから叱責とか指図がましいことなどは、なるべく言わないようにするのです。そして物一つ言うにも、なるべく和やかに言う。すなわち古人のいわゆる「和顔愛語」というわけです。

すべて人間というものは、叱《しか》られるよりも褒《ほ》められるほうを喜ぶものです。ですからどうしても、叱るより褒めるほうが効果があるようです。なるほど弟さんや妹さんにも、いろいろ直すべきところがありましょう。しかし当分の間、それらには手を触れないで、なるべく相手のよいほうに眼をつけて、それを褒めることによって、相手の気を引き立てるようにするがよいでしょう。そうしているうちには、自然と自分の欠点にも気がついて、これを改めようとする気にもなるものです。

どうも人間は、自分の欠点を他人から言われて、心にはなるほどと思っても、実際にはなかなか直しにくいものであります。

最後に家に小さい赤ん坊などのいる人は、せいぜい世話をされるとよいでしょう。そうしますと、それがやがて結婚後、わが子を持った場合、最もよい準備にもなりましょう。

実際世の中というものは、正直そのものであります。そこで小さい弟妹のある人は、うるさいなどと思わず、まったく天のお授けと思って、よく世話をされるがよいでしょう。するとそれがやがて巡り巡って、わが身のためになる日も来るものです。

＊「笑顔は天の花」――笑顔によって、相手の心の扉が開けたら――。
＊すべて物事には基礎蓄積が大切である。そしてそれは、ひとり金銭上の事柄のみでなく、信用に関しても同じことがいえます。否、このほうがはるかに重大です。

## 10 女性の運命

すべて人間というものは、自分の運命を自覚することによって、初めて真に人生をスタートするといってよいでしょう。そこでわたくしたちは、将来自分が通らねばならぬ人生の筋道が、大体いかようなものかという点について、あらかじめ承知していることが大切だと思うのであります。

さて有限なるわれわれ人間には、もとより一々の細かい事柄の見通しのできようはずはありませんが、同時にまた「これだけはまず動くまい」という大きな一生の見通しは、優れた人ほど早くからつけているようであります。実際前途の目標が見えなければ、一歩の踏み出しすら、真の自信は持てないわけであります。そしてこの点あなた方が、この二度とない人生をこの国に享《う》けた以上、特に女性として生まれたからには、真に意義ある生涯を生きるには、何よりもまず女性の運命について、あらかじめ心得ておく必要があると思うゆえんです。

さてそれでは女性の運命とは、一体いかなるものというべきでしょうか。すなわちそれは、これまで女性の大部分の人々が、これまで通って来て、またどんなに時が流れ、社会状態がいかように変わろうとも、これだけはどうしても変わらぬというものがあるはずであります。では何かといえば、それはやはり結婚して人の妻となり、さらにわが子を生むことにより、母となって子どもを育てるということでありましょう。したがってこうした女性の運命の道への最初の関門は、何といっても、やはり結婚ということだと思います。

ここで結婚というのは、昔は「嫁入り」といったものでありまして、すなわち自分の生家を去って相手方の家族の一員となることであります。もっともこの点は、相手の人が長男で家を嗣《つ》ぐ場合と、そうでない場合とでは、実際問題としては、かなりその事情は違うわけですが、しかしそのいずれにしましても、一般に女性としては結婚によってわが家を出て別の家の家族となるということは、一応動かぬところといってよいでしょう。その証拠に、第一結婚すれば、生家の籍から除かれて先方の姓に変わることでもお分かりでしょう。

そもそも生家の籍から除かれるということは、生家との決別を意味するわけでありますます。実際戸籍というものは、普通には死なない限り抜けないものであります。ですから結婚というものは、そうした意味からは、わが生家において死ぬと同時に、先方の家族の一員として、改めて甦《よみがえ》るともいえるわけであります。ですからどんなに「我」の強い女性でも、もし正式に結婚しようとしたら、生家の姓を捨てて先方の籍に入り、その姓を名乗るほかないのであります。もしそれがどうしてもいやだとあれば、永遠にいわゆる「内縁の妻」たる域から脱することができないわけであります。

かくして結婚というものは、これまでの自分の一切が一度死んで、しかる後、新たに生まれ変わるということだといえましょう。それゆえ結婚の翌日から、わが家といえば婚家先のことであって、生家のことではなくなるわけです。同時にこれまで「うちでは」と言っていた生家のことは、「実家」と言わねばならなくなります。否、この「実家」という言葉さえ、あまり口にすべきではないでしょう。

　このように申せばあなた方は、結婚とは何と窮屈なものかと思われるでもありましょう。しかしこれはあなた方が、将来自分の息子に嫁をもらう立場になってみれば、すぐに分かることであります。息子のお嫁さんが、「実家では――」「実家では――」と連発するようでは、どうも困ったものと思われるでしょう。

　すなわち女性は将来、他家の人になるということが、その運命である以上、他日どんな家へ嫁《とつ》ごうと困らぬように、同時にまたそのために、辛《つら》い思いをさせないようにしておかねばならぬでしょう。すなわち将来自分の眼の及ばぬところ手の届かないところで、苦しませたり悲しませたりすることの、なるべく少ないようにしてやりたいというのが、わが子に対する真の愛情というものでしょう。

　それゆえ真の愛情というものは、内にある種の厳しさを含むわけであります。もちろん厳しいとはいっても、それは決して酷《こく》すなわち、むごいというわけではありません。ではこの「厳」と「酷」との差はどのような点にあるかというに、それは、結局その根本において、相手の将来を見通す明の有無といってよいでしょう。

そこでわが子の躾《しつ》けは、男女ともに大切なことは申すまでもありませんが、特に女の子には、その躾けを厳しくしなければならぬゆえんがお分かりでしょう。同時にまたあなた方のような女生徒も同様です。すなわち女性は将来どんな家風の家に入って、その一員とならねばならぬか分からぬのであり、そしてそれは、あらかじめこれを知ることのできないところに、女性に特有な運命があるわけであります。そこで将来いかなる家風の家に嫁いでも、まずまずと安んじうるまでに教育しておくことが、女子教育の根本といってよいでしょう。

つまりあなた方くらいの年頃になれば、そういつまでもわが家で甘えてはいられないという自分の運命に気づき出さねばならぬはずです。

そもそも甘えるということは、心でもたれ掛かるということでありまして、つまりは自ら立ち得ない何よりの証拠というべきです。このことは、たとえば子どもの躾けの上にもいえることでありまして、わが子が、柱や壁にもたれる癖を直しませんと、そういう子はいつまでも父母に甘えるわけであり、これを突きつめれば、長じて大人になっても人生そのものに甘える人間になるということであります。

ところが、人生に甘えるということは、畢竟《ひっきょう》、人生に対して不真面目でありその真剣さが欠けるということであります。かくして真の学問修養とは、何よりもまずこうした心の根本の甘え心を除き去って、現実の人生の相を見ることでなくてはならぬでしょう。そして人生の如実な実相が分かる時、自分の将来歩まねばならぬ道は、おのずから見えてくるはずであります。

# 11　女性の強さ

さて前の時間には、女性に特有な運命を自覚するということが、あなた方にとっていかに大切であるかということを、お話ししたわけですが、今日はそれに関連して、女性特有の強さというものが女性にとっていかに大事かという問題について、少しお話ししてみたいと思います。

普通に女性の徳としては、男性の「剛」に対しては「柔」ということが挙げられ、したがって女性は柔順ということが大切だとされているようであります。しかしながら、また反面には「女は弱し、されど母は強し」とも言われるように、ただ弱いばかりが能ではないともいえましょう。否、時あっては男性以上に強くあってこそ、真の女性というべきでもあるわけです。

これを、単に弱々しいことなどと思ったら大きな誤りであって、真の「柔」とは、内に強さを含んでいるものでなくてはなりません。ただべたべたと、男性にもたれ掛っているような弱さは、決して真の柔順とはいえないのです。否、真の柔順とは、時あっては男性以上に強くもなり得てこそ、初めて真の柔順というべきでしょう。

では一歩を進めて、女性は一体いかなる場合に真に強くなるのでしょうか。それには、何といってもまず「母は強し」という言葉が、これを示しているといえましょう。すなわちこの「母は強し」という言葉は、女性はひとたびわが子を持って母ともなれば、わが子のためには、時あっては父親以上に強くなるということであります。

それというのも、父親は一度妻に死なれますと、経済的にはゆとりがあっても、ひとりでわが子を育てるという人は非常に少ないのであります。ところが女の方は、ひとたび夫に死なれると、たちまちにして生計の途《みち》が途絶えるのが普通ですが、それでいて、そうしたか細い女手一つで、幾人ものわが子を育て上げている例は、世間に決して少なくないのであります。かくして女性は、一旦母となりますと、父親以上に強くなるのが普通であり、その強さは、ある意味では本能的とさえいえるようであります。現に動物などにおいても、子を連れた牝《めす》は、牡《おす》以上に強いといわれますが、これまったく天の与えた生得の本能の力ともいうべきでしょう。

ですから女性の真の偉さは、未亡人になって初めて真に現れるといえるようでありますす。同時にその場合の偉さとは、結局は真の強さということでありまして、夫亡き後その遺児をどのように教育するかは、まったく女性の真価の現れる頂点といってよいでしょう。その点では古来東洋の婦人は、西洋の婦人と比べて優れているといわれているようであります。すなわち古来婦徳とか婦道とか呼ばれるものは、東洋において特に発達したものといわれています。

ところがこの婦徳とか婦道といわれるものは、大略してこれを二つの方面に分けて考えることができましょう。すなわち一つは夫のある場合であり、今一つは、夫に先立たれた場合であります。そして夫のある場合の婦人の道としては、結局柔の道でありますが、ひとたび夫亡き後には、柔に徹するところから、一転して真の強さが出てくるもののようであります。

夫亡き後に真の強さの出る婦人は、夫の生きている間は、一般に柔順な婦人であるのが常のようであります。この点は非常に大事な点といってよいでしょう。すなわち平生夫を尻に敷いて、勝手気ままをしているような婦人は、ひとたび夫に亡くなられると急にしょげてしまって、最愛のわが子がありながら、それを夫の親元などへ渡してしまって、自分は再婚するというような、だらしなくもまた意気地のない結果になりやすいものであります。

女性は夫に真に柔順であることによって、やがて夫に万一のことがあった場合にも処し得ると思うのであります。けだし真に夫に柔順ということは、自分の「我」を捨てて、夫を助けるということだからであります。それゆえもし夫に万一のことでもあれば、夫との間に残されたわが子は、単なるわが子というだけではなくて夫の遺児であり、それこそ夫の生きがたみであります。それゆえわが子を立派に育て上げて、夫の遺志を継承させるということは、夫に対する最大の貞節であります。

これに反してわが子の養育をおろそかにするということは、亡き夫に対する一種の不貞といってもよく、ましてやわが子を人に託して再婚するというがごときは、その最大なものといってよいでしょう。

かくして女性が真に柔順に徹するということは、「我」を捨てて生きるということであり、そこに自分としても、かえって真に生きるのであります。そしてここに一般に生前夫に柔順だった婦人のほうが、夫の死後真の強さを発揮して、立派にわが子を育ててゆくゆえんがお分かりでしょう。

そこで最後にもう一度申しましょう。「女は弱し、されど母は強し」と。この一語こそ、おそらくはあなた方女性として修養の最大基準といってよいでしょう。

＊『日本婦道記』は山本周五郎の名作です。これは日本女性はもちろんのこと、男性も必ず読むべきものです。女性の真の強さを知るに好適最上のものです。
＊女性が身につけるべき四つの大事なこと
(1)子供のしつけ　(2)家計のしまり　(3)料理そして　(4)最後が清掃と整頓。

# 12　女性の強さ（つづき）

谷川の音のきこゆる山のうへに蕨《わらび》を取りて子らと我が居り　赤　彦

これも赤彦の歌のうちでは、わたくしの好きな歌の一つです。これは赤彦としては比較的晩年の歌で、大体自分の志したことが、ほぼ成し遂げられた晩年の心境をうかがいうる点で、やはり注目すべき歌の一つといってよいでしょう。

この前の時間は、女性の強さという問題についてお話ししたのでしたが、しかしそれは主として婦人が夫を亡くしてから以後、女手一つでわが子を立派に育てていく場合について申したのでした。しかし女性に強さの必要なことは、必ずしもこのように未亡人となった場合にのみ限ることではありません。それで今日はもう少し違った角度から、この問題についてお話ししてみたいと思うわけです。

なるほど女性の強さがその最大限に必要なのは、言うまでもなく未亡人となってからのことでしょうが、しかし女性の強さの必要を、ただ未亡人になってからとのみ考えていたら、それは大変な誤りでしょう。

そもそも強さとは、一体いかなることをいうのでしょうか。特に女性の強さとは、いかなることを意味するでしょうか。一般には案外このことが、よく分かっていないのではないかと思われるのであります。特にわたくしには女の人に、この点がよく分かっていないではないかと思われるのです。

そもそも女性の真の強さとは、前にも少し申したように、実は柔順に徹することによって、初めて生まれてくるものだと思うのです。すなわち真に柔順に徹することによって、その人の「我」がとれ、そこに初めて現れてくるようであります。もしこの点がよく分からないで、ただ蟹が甲羅をかぶったようなものが、女性の真の強さだとでも思ったら、それはとんでもない誤解というものです。かような強さは、仮に男性の場合にしても、決して真の強さとはいえないでしょうが、特に女性の場合においてはそうであります。

一般に男性の仕事というものは、世の中の荒波を凌《しの》いで、自己の一道を切り拓いて行くところに成立するものであります。したがってどうしても、起伏盛衰というものを免れ得ないのであります。つまり平たい言葉で申せば、順境と逆境と、得意の時と失意の時のあるのを免れ得ないのであります。たとえば実業家などの場合には、どんなに立派なしっかりした人でも、時には事業が順調に運ばない場合もあるのでありまして、そうしたことを免れ得ないところに男性の道の特質があるわけです。

ところで男性というものは、一般にかような場合、案外にしょげやすいものであります。そのしょげ方は、あるいはあなた方女の人の想像以上であるかもしれません。それというのも男性というものは、事業とか勤めの上に自己の全精力をぶち込むだけに、一旦その結果が思わしくないとなりますと、それこそ精も根も尽き果てて、急にげっそりとしょげ返るというのが、まず普通といってよかろうと思います。もし男性で、自分の事業なり勤めの上で思わしからぬことに出合った際、自分の妻に対して、それを色にも現さぬというようでしたら、これはすでに相当の人物といってよいでしょう。

そこで普通一般の男性の場合には、特に若いうちは、そうした場合には、案外しょげるといってよいでしょう。そしてそれは、一応無理からぬことともいえましょう。と申しますのも、一般に家運が悲境に傾くというような場合には、男性は常に二重に心の重荷を負わされるからであります。すなわち一方からは、対外的に事業とか勤めの関係上からして、いかにしてこの難局を打開すべきかという苦慮があり、今一つは、それから生ずる対内的な面、すなわち今後家族の生活をどうしていったらよいかという苦慮であります。

このように男性というものは、常に内外両面に対して、心を用いつつ生きているのであります。しかるにそのような場合に、妻たるものが何ら夫の苦しい心のうちを察することなく、かれこれと不平がましいことを言うようでは、「水臭い」などという程度の言葉では尽くされないものがあるわけです。

実際平生暮らすことができたのはなぜであるか。いうまでもなく、夫の事業が順調にいっていたればこそであります。それゆえ一旦夫の事業が傾きかけた時こそ、妻たるものは甲斐々々しく立ち上がって、平素の夫の労に報ゆべき時であります。しかるに何ぞや、ひとたびかような際になると、平素の空元気など一瞬に消えはてて、夫以上にしょげ込むどころか、その上かれこれと不平を並べるがごときは、実に言語道断なる悪妻といわねばなりますまい。

実際女性の真の偉さは、かような場合になって、初めてその真価の現れるものであります。すなわち夫が落ち目に向かった時、いかなる態度に出るかによって、婦人の真価は決するといってよいでしょう。すっかりしょげ切っている夫に対して、一面からは慈《いっく》しみ深い母親が、傷ついて帰ったわが子を労《いたわ》るように慰めつつ、しかもそれだけに溺れないで、夫に再起の覚悟を打ち立てさすよう、心からなる激励を与えるようでなくてはならぬでしょう。かくてこそ初めて、「妻」という名に値するわけであります。

これに反して、夫の順調な間はそれにもたれていい気になっていながら、一旦夫が悲境にあうや、あたかも他人のように傍観《ぼうかん》していろいろと愚痴を言い、そうでなくてさえ傷ついている夫の心を、いやが上にも傷つけるようなことでは、一体何のためにこれまで夫婦の契《ちぎ》りを結んできたのか、まったく分からぬことになってしまいましょう。

そもそも世間というものは、順境の日には人々が多く集まるものですが、一旦悲境に陥ると、それまで始終出入りしていた人々さえ、急にパタリと姿を見せぬようになるものであります。ですから、人間の真の頼もしさというものは、そういう際に、初めてハッキリと現れるものであります。公人でしたら社会的につまずいた場合とか、また実業家なら事業に失敗して破産に瀕《ひん》した場合などこそ、真に人の情けの分かる時ですが、しかもかような場合には、ただ今も申すように、平素出入りしていた人々さえ、次第にその足が遠のいて、一家とみに寂寥《せきりょう》を加えるものであります。

こうしたわけで男性にとっては、その職責なりあるいは事業上の悲運は、二重三重の痛手となるのであります。同時にかような場合に、男にとって唯一の頼りとなるものこそ、実にその妻ではないでしょうか。そうした場合唯一の慰め手であり激励者たるべき妻の身で、そうした自分の役目を忘れて、ごてごてと愚痴などを並べるようでは、男子たるものどこに光明を認めることができるでしょうか。

　ところがわたくしの考えるに、近頃のような女子教育のあり方では、遺憾ながら夫の悲境に際して雄々しく立ち上がり、一家の光明となるような婦人は、次第に少なくなるのではないかという気がしてならないのです。すなわちわたくしから考えますと、どうも現在の女子教育というものは、こうした人生の深刻、切実な出来事に対して、十分な心構えを与えようとはしていないかに思われてならないのです。否、実際問題としては、このような一家の悲境に際しては、単に心構えというだけではなお足りないともいえましょう。すなわちそうした場合には、何よりもまず生活の切り下げを断行しうるような、現実の力と覚悟とを要するでありましょう。

なお最後に、女性の強さという問題に関して、最も大切なことの一つは、わが子を内面的に厳しく育て上げるということです。内面的に厳しくとは、男子はあくまで剛健に、女子はあくまで素直に育てるということです。男子を剛健に育てるのは、申すまでもなく、非常の場合に際しても何らたじろぐことなく、わが道を生き抜くような人間をつくるということであり、また女性を素直に育てるということは、平生事なき間は、よく夫に仕えて内助の功をまっとうするが、ひとたび夫が事業の上で失敗するか、さらには病気のために亡くなったというような場合には、雄々しく立ち上がって、遺児の教育にその全力を傾けるような女性たらしめるということです。

しかも男の子を剛健に育てるには、自分自身が己を空しうして、夫に対する道に徹することによって初めて可能であり、また女の子を素直に育てるのも、結局は自分自身が自己の道に徹する真の内面的な強さによってのみできることでありましょう。

# 13 わが子の教育

水の音聞きつつあれば心遠し細谷川のうへにわが居り　　赤彦

これもわたくしの好きな歌の一つですが、前の時間にご紹介したのと同じところで詠《よ》んだ歌です。ですからそうした気持ちで読んでみますと、いっそうよくこの歌の心が分かるといえましょう。はるかなる谷川の音に即して、永遠なるものへと向かう心境が、よく表現されていると思うのです。わたくしはこういう歌を読みますと、日本語というもののよさが改めて感じられて、自分が日本人としてこの世に生まれてきたことを、しみじみ感謝する気持ちになります。

わが子の教育などといえば、あなた方は何という遠い将来の話をするものかと、まるでお伽噺《とぎばなし》か夢の世界のことのように思われるかもしれません。しかし静かに考えてみますと、あなた方がわが子の教育について心を砕き始めるのも、そんなに遠い将来のことではないと思うのです。

それと申すのもあなた方は、現在のところ十八歳の人が大部分のようですが、しかし女性で十八といえば昔ならもう立派なお嫁さんであり、うっかりすると子どもの一人二人はあった年頃です。だがそういう昔のことは別としても、あなた方の多くが結婚されるのは、今後まず五、六年か、せいぜい七、八年の間とみてよいでしょう。

ところがいったん結婚したとあれば、たいていの人が一、二年か二、三年の間に最初の子をもうけるとみてよいわけです。してみると早きは六、七年、遅くとも十年も経《た》てば、あなた方の大部分の人は、人の子の親となるといってよいでしょう。もちろん十年という歳月は、必ずしも短いとはいえません。ことにあなた方がこれから辿る十年というものは、女性の身にとっては、生涯において最も重大であるとともに、また最も変化の多い歳月といってよいでしょう。そうした意味からは、あなた方のこれからの十年間は、決してこれを短いということはできないでしょう。

しかしながら、それと知りつつもなおかつわたくしは、この「わが子の教育」という問題について、今日あなた方に対してお話ししておきたいと思うのです。したがってそれは、必ずしも十年先の準備としてだけではありません。それというのもあなた方が、「わが子を教育する」ということは、実は十年後にわが子をもって初めて始まることではないからです。

あなた方は「ローマは一日にして成らず」とか、すべての事の成るのは、成るの日に成るのではないということを聞いておられるでしょう。しかもこの真理は、ひとりそのような壮大な事柄の上にあてはまるだけではありません。この諺《ことわざ》のもつ真理性は、現に今日ここで問題にしようとしている、あなた方のわが子の教育問題に関しても、そのままあてはまるといってよいようです。すなわち現在のあなた方の日々の生活が、実はそのまま十年後の母としての心構えと資格とを、一つずつ積みつつあるともいえるからであります。

そもそも主婦の務めというものは、実に多方面であります。すなわち男性の仕事が直線的であるのに対して、女性の仕事は実に多角的であります。しかしながら今これを大観すれば、主婦の務めは夫に仕えて内を治めることと、今一つはわが子をよく教育することでありまして、女性はいわばわが子を通して国家社会に対しても尽くすわけであります。

このように考えてきますと、わが子の教育について最も重大な点は、両親、特に母親の心構えが、その根本だともいえましょう。すなわちわたくしたちは、平素ともすればわが子を、自分たち夫妻の所有物でもあるかに考えやすいのですが、しかしその誤りについては、ただ今申したことによってお分かりになられたことでしょう。同時にこの点がよく分からないと、あるいは溺愛に陥り、あるいは苛酷に失するということにもなるわけです。

したがってお互いにわが子について深く反省したならば、それはわが子とはいいながら、実は何ら私すべきものでないということが、分かるはずであります。仏教でしたら、これを「仏の子」というでしょうが、しかし現在のわたくしたちとしては、わが子は長じては国家社会の重要な一員たらしめねばならぬのでありまして、ただわが子さえが幸福であれば、それでよいというものでないことは、皆さん方もよくお分かりでしょう。

第一、わが子だけについて考えてみましても、国家社会の一員として、自分の職責を見事に果たすようでなければ、個人としても決して幸福にはなれないでしょう。それというのも、この国家社会の組織にあっては、人はそれぞれ自己に与えられた職責を忠実に果たすのでなければ、決して人々から重んじられるということはないわけであり、同時にまたそのように人々に重んじられるのでなければ、決して真の幸福とはいえないわけであります。

ではさらに一歩進めて、そうした考えの下にわが子を教育するとして、それには一体どのような点が大事でしょうか。それについてわたくしの考えでは、何といっても、わが子が天から享《う》けて生まれてきた天分を、できるだけ十分に発揮し実現するような人間に育て上げるということでしょう。ところでこの点については、それ自体何ら異論はないとしても、「では一体何をわが子の天分と考えたらよいか。どうしたらそれが分かるか」という点は、一つの問題といってよいでしょう。

ところがこの点は、実に難しい問題でありまして、何人も外側からこれを決定することはできないでしょう。否、当の本人自身にしてからが、結局はやってみて次第に分かってくる事柄だと思うのです。さらにはその人が一生やり抜いてみて、初めて分かる事柄だともいえましょう。

しかし、そんなことをいっていたのでは、わが子の進学一つも決められないわけですから、結局はわが子が「好き」ということをもって、一応わが子の天分の「芽生え」とでも考えるほかないでしょう。ですから時には、わが子が好きというのでやらせはしたが、やがてそこには、その子の真の才能はなかったというような場合もないではないでしょう。しかし一応は、わが子の「好き」というところから始めて、そこにわが子の天分の「二葉」があると考えてかかるほかあるまいと思うのです。

しかしながらただ今申したのは、ほんの最初のスタートの場合であって、わが子がある地点まで来た上で、改めて自分の天分がどこにあるかと迷う場合の一つの対策として、わたくしは消極的選択法《ネガティヴセレクション》というものがよくはないかと考えるのです。ではどういうことかと申しますと、それは自分の好きな幾つかの希望を並べてみて、そのうち自分が自信のもてないものから順に消してゆくというやり方です。

つまり自分が考えてみて、どうしても「これはダメ」と思われるものから、順に消してゆくのです。そうしますと、最後に一つ残るわけですが、それも自分としては何ら積極的な自信があるわけではないが、しかしもうそれ以外にないとしたら、結局それを採る外ないわけです。わたくしが「哲学」というような学問を選んだのも、実はこうした消極的選択法《ネガティヴセレクション》によったわけであります。

このようにこの選択法は、先にも申すように最初というより、ある地点まで来たところで、自分の進路に迷うような場合、たとえば大学の何科へ入ったらよいかというような場合に、わが子の天分の所在を知るには、案外有効な方法ではないかと思うのであります。

しかしわが子の天分の発揮という点でより大事な問題は、自分の志した事柄はあくまでこれをやり抜くという、堅忍不抜《けんにんふばつ》の精神のタネ蒔《ま》きをすることだといってよいでしょう。ところがそうなりますと、問題はさらに一歩を進めて、「ではどうしたらそのように、一旦志した事柄はいかなる困難に遭おうとも、ついにやり抜くような人間に育て上げられるか」ということが、問題となるわけでありまして、ここにあなた方が深く研究しなければならない、教育の根本問題があるわけであります。

ところがこの点の教育こそ、一切の教育上最も重大であるとともに、また実に最も困難な問題だといってよいでしょう。でもそういってみたとて始まりませんから、この点に関しわたくし自身が一番根本的と考えることを、一つだけを申すことにいたしましょう。

それは何かというに、結局四六時中腰骨を立てて曲げない子どもにするということでありまして、これこそは、人間として一番根本的な問題といってよいでしょう。したがって、もししつけという言葉を使うとすれば、これこそは一切のしつけを超えて、最も根本的なしつけといってもよいでしょう。

わたくしは十五歳の頃からこれを始めて、今日まで二十六、七年続けているわけですが、もしわたくしのような人間でも、もしそこに多少とも何らかの取り柄があるとしたら、それはまったくこの「腰骨を立てる」という一事を、やり続けているからだといってよいでしょう。

以上わたくしは、あなた方がわが子を教育するにあたり、その二大根本方針の一つである、「自己の天分を発揮する」という点について、そのあらましを申してみたわけですが、しかし人間というものは、自分の天分を発揮し実現するだけでは不十分でありまして、どうしても今一つ、「人に対して親切な人間」に育てねばならぬと思うのであります。

それと申すのも、われわれ人間というものは、たとえその人がいかに才知才能があったとしても、もしその人間が利己的であって、何ら人のために尽くすことがなかったとしたら、それは実につまらない人間であって、わたくしたちはそういう人間に対しては、何ら尊敬の念がもてないどころか、なまじいに才能あるがゆえに、かえってそういう人間に対しては、心中ひそかに軽蔑せずにはいられないでしょう。

そこでわたくしたちは、わが子を育てるにあたっては、どうしても人に親切な人間にしなければならぬと思うのです。それにはさしあたってまず、乗り物に乗った際に、お年寄りや、子どもを抱いている人があったら、どんなに自分は疲れていようと、必ずその人に席を譲るような人間にしつけたいものであります。しかもこのようなしつけは、前の「いったん決心したことは必ずやり抜く」という精神とともに、まず母親としてのあなた方自身が、それを実行するんでなくては、どうなるものでもないでしょう。

そしてこの点こそ最初にわたくしが、わが子の教育という問題は、必ずしも十年、十五年先の問題ではなくて、実は現在すでにその一歩は始まりつつあると申したゆえんであります。

# 14 女の子の育て方

今さら申すまでもないことですが、男の子と女の子とでは、その身体の成り立ちの上からいっても、またその役目の上から申しても、そこには大変その趣が違うのであります。

そこでわが子を育てるにあたっても母親たるものは、この男女の役目の相違ということを深く心に入れて、女の子にはやはり女の子らしい躾《しつ》けをしなくてはならぬわけであります。ところが近頃の学校教育では、男女の別をあまり重視しない向きがありますので、世の父母たる人々も、いつしかわが子の躾けの上に、この男女の別というものをおろそかにしがちになったように思われます。そしてこの点が、実はあらゆる方面に重大な影響を及ぼしつつあるように思うのであります。

実際男女の別が乱れるということは、社会生活の基礎が乱れるといってもよいのでありまして、この点はこれを古今東西の歴史の上に照らしても明らかな事柄であります。

では女の子を育てる上には、一体どのような注意が必要かと申しますと、実際上にはいろいろあることでしょうが、今試みに一、二を申してみますと、例えば外出などについても、女の子は男の子と比べたら、やや控え目にすべきではないかと思うのです。

もちろん時には一緒に外出する場合もありましょうが、同時にまた時には、今日は男の子だけを連れて行って、女の子は控えさせるという場合もあってよくはないかと思うのです。母親自身が外出する場合はとにかくとして、もし父親が子どもたちを連れ出して、母親は家で留守居をしているというような場合には、女の子は時には控えさせて、母親とともに家にいて、静かにその帰りを待たせるというような細かい心遣いも時に必要ではないかと思うのです。

無論これには母親が、小さい頃から深くわが子の将来を慮《おもんぱか》って、そういうしつけをしなければならぬでしょう。つまり大きくなってから急にやろうとしますと、ちょうど曲がった木も大きくなってからでは、最早容易に直らないように「あんたは家に控えていなさい」などと言えば、いよいよふくれさせるだけでしょう。

総じてよい習慣は、なるべく早くから躾けることが大切です。小さい時から躾けられた癖というものは、何らの苦痛もなく身につきますが、途中から始めたことというものは、どうしても努力の割にその効果のあがらないものであります。そこで今、女の子はなるべく外出したがらぬように育てるのが、その子の将来の幸せであると申しても、小さい時からそういう躾けを受けていない人には、一種の反感を感じさせるだけであろうと思います。

次に、注意すべきは女の子にはなるべく小さいうちから、家事の手伝いをさせて、家事に慣れ親しむように育てるということです。現在多くの家庭のように、女の子でありながら大きくなるまで、ろくろく家事の手伝いもさせないで育ててしまっては、結婚していざ家事をしなければならなくなった時、とかくめんどうがるのは当然であります。

総じて仕事というものは、それに慣れて上手になりさえすれば、非常に面白くなるものであります。いわんや料理とか掃除というような仕事は、キレイに仕上げたら、ひとり自分が愉快なだけでなく、家族の人々からも非常に喜ばれ、ありがたがられるものであります。ですから家事が上手だということは、主婦としては実に「二重の喜び」ともいえるわけです。

同時にすべて仕事を仕込むには、なるべく早くから、しかし分量は少しずつさせて行って、徐々に慣れ親しませるのがよいわけです。ですから女の子に家事を手伝わせるといっても、決して母親の手が省けて楽になるなどというためではありません。長年仕込んだあげくには、あるいはそういう時も来ましょうが、目的は娘自身の将来のために、躾けておかねば可哀想だという母親の愛情から出ることですから、楽という点からは、自分ひとりでやるほうがなまじいな足手まといがなくて、はるかに楽だといえましょう。

しかしながらわが子の将来を思えば、そうしたうるささも忘れて、少しずつ手伝わせるようにするのです。たとえば最初の間は、親の洗ったお茶碗を拭くことだけさせるんです。これなども洗うと同時に、自分で一気に仕上げたほうがはるかに早く済むわけですが、それを「誰々ちゃん、ちょっとお母さんのお手伝いをしてちょうだい」というふうにさせるんです。

かように最初はごく簡単なことを、少しずつ手伝わせて、次第に慣れてきたら、今度はひとりでやらせるようにするんです。またひとりでやれるようになったら、次は一歩を進めて、ひとりで洗わせるようにする。また洗うことが楽しんでやれるようになったら、今度は湯沸かしだけはやらせてみる。またお茶碗を拭くことを楽しむようになったら、今度はひとりで洗うように教える。またひとりで洗うのを楽しむようになったら、次には食卓の後片づけをするように導くというふうに、順に一段ずつ進めて、決して無理をさせないということが秘訣です。

以上はわずか一、二の例を申したに過ぎませんが、すべてこの調子で、娘の将来を思う一念から、一歩々々少しも無理をせず、一つひとつ家事を手伝わせて、その仕事を楽しむところまでいったら、次にはもう一段高いところへ導くというやり方をするわけです。そしてそれを比較的小さいうちから、次第に慣れ親しませてゆきますと、大きくなってからも、決して家事をおっくうがるということはないわけです。

かくしてこの問題も根本は、結局、親としての愛情の問題に帰するわけであります。この子の前途を考えた場合、この程度の躾けは、どうしてもしておかなければ、将来かならず困るに決まっているという見通しの明と、それにともなう一歩々々の着実な努力があってこそ、初めて真に母親の愛情といえましょう。

あなた方はどんなふうに育ってこられたか存じませんが、こうした点について、改めて考えていただきたいものだと思います。

# 15　おしゃべり

ここにして遥けくもあるか夕ぐれてなほ光ある遠山の雪　　赤彦

わたくしの好きな歌の一つです。これも前の時間やその前の時間にご紹介したのと同じ山頂で詠《よ》んだ歌ですが、しかしこの歌は、そうした一連の歌の最後に置かれているだけに、一番余韻があって、長く後に尾を引く余情が感じられます。つまり永遠とか悠久につながるものなんでしょう。

言葉の問題については、すでに一、二回お話ししたこともありますし、そのうちでも特に多弁、すなわちおしゃべりのよくないことについては、あなた方としても、これまでしばしばお聞きのことと思います。

そこでもし修身科というものが、他の学科と同じように、単に覚えるとか、または一応の理解というだけで済むものでしたら、何も今さらかような分かり切った事柄について、ここに繰り返しお話しする必要はないわけです。ところが修身科の目的はご承知のように、単に分かったということだけに止まるものではなくてそれが実地にわが身の上に行えるようにならねばならぬのであります。少なくとも「必ず行うようにしよう」とか、「是非とも行ってみせる」という強い決心を固めて、実行上に一歩を踏み出すところまで行かなければ、真の修身科にはならないわけであります。

そこで今この「おしゃべり」ということ一つを取ってみましても、一応そのよくないことは分かったとしましても、実際におしゃべりが直ったという人は、そうざらにはなかろうと思うのです。否ひとりあなた方のみならず、かく申すわたくし自身も、現在なお決して充分に直ってはいないのです。

否それのみでなく、実はわたくしが、このように修身書を離れてお話し申すというのも、もちろん一方からは、少しでもあなた方が将来、他人から笑われたり、または後ろ指を指されないようにと考えてのことであります。すなわち人から後ろ指を指されていながら、ご本人たるあなた方自身が、一向知らずにいるというような悲惨な滑稽に陥らないように、と思ってのことではありますが、しかしまたそれのみでもないのです。と申すのも実はわたくしが、このように毎時間書物を離れていろいろなお話をし、特に実行上の心得を主としてお話しするということは、実はそれによってわたくし自身も、改めて実行の決意を固めたいからであります。

あなた方に筆記までしていただき、そのためにあるいはご家族の方々のお目に触れるかもしれないような形式でお話し申すということは、一方からはあなた方の将来を考えてのことではありますが、同時にまた他方からは、先にも申すようにわたくし自身が、自ら実行の責めを負う覚悟を強める一つの方法でもあるわけです。

すべて教育というものは、もしその人が完全な人でしたら、言葉をもって教えるまでもなく、その方の生活そのままが無限の教訓となることでしょう。ただわたくし程度の人間の場合には、そうはまいらないのであります。そこで、こうしてわたくしがあなた方にお話しする事柄は、実はわたくし自身われとわが身に対して、実行の決意を固めるという意味も、多分に含まれているのであります。

さておしゃべりの人というものは、とかく人間ががさつに見え、その上人間が軽く見えるものであります。それもそのはずで、そもそもおしゃべりということは、自分自身に対する責任感の軽いところから起こる、自らなる結果といってもよいでしょう。すなわち自分の言葉に対して、真に責任をもとうとしないところから、つい思いつきばったりに、何でも勝手にしゃべることができるわけであって、もし自分の言葉に対して多少なりとも責任を感じたとしたら、人間はそうペラペラとはしゃべれないはずであります。

またおしゃべりの人間というものは、実はお人好しといってもよいわけです。お人好しであるとは、少々知恵が足りないということでもあります。そこで古来優れた人は、いずれも言葉数が少なかったようであります。それもそのはずで、優れた人ほど一言一言をよく吟味して、責任のもてることしかおっしゃらないものであります。

かようにおしゃべりということは、その人がお人好しだということの、何よりの証拠といってよいわけですが、しかしそういっただけでは、実はまだ足りないものがあるのであります。と申しますのは、自分という人間は、一体どの程度のおしゃべりであるか、その判定ができていませんと、「おしゃべりはよくない」などと申しましても、それが自分のことだとは気づかないで、いつまでもそれを他人事《ひとごと》と思って済ましているわけです。それゆえ何よりも大事なことは、自分という人間は、一体どの程度のおしゃべりかということを、知ることであリましょう。

そこで一つ自分がどの程度おしゃべりかということを、自分で測る方法を申してみましょう。それは三人なら三人、五人なら五人の人がそこに集まっている場合、そのうち口の利き方の一番多いのは誰であるか、そして自分はそのうちで、大体何番目くらいかということを、常に気をつけているということです。あるいはまたお友達と一緒になったような場合、いつも先に話しかけるのは、相手であるかそれとも自分かと、かように一々実際にあたって、つぶさに自分を反省してみるのです。そうしますと、大体自分がどの程度おしゃべりかということが、分かってくるものです。

このように、わたくしたちの修養の第一歩は、何としてもまず自分の欠点を、明確につかむところから踏み出されるのであります。そこでこれまでなら、自分のほうからまず話しかけていたところだが、今日は一つ向こうから話しかけるまで辛抱してみよう、というような工夫をすることにもなるわけです。これは、最初はなかなか辛《つら》いことですが、しかし非常にためになる努力といってよいでしょう。

そしてなるべく相手の話を聞くようにして、こちらは常に受け答えをするというふうに、自分の立場を切り換えることが大切であります。わたくしたちの修養上、実際のこつというものは、いわばかようなところにあると申してもよいのです。

それが友達との間で、一通りできるようになりましたら、今度はそれを家において実行するように努めるのがよいでしょう。

友達との間で、一通りやれるようになるのさえ、決して容易なことではないでしょう。いわんやわが家において、家族の人々に対して、それができるようになるということは、更に難しいことでしょう。そこでまず最初の着手点としては、授業と授業の間の七、八分しかない放課の間の慎みから、始めてみられたらいかがでしょう。実際わずか七、八分しかない放課の間の話しぶりいかんによっても、考えようによっては、友達の将来の姿を予想することもできましょう。

＊すべて最低基本線の確保が大事であって、何か一つ、これだけはどうしても守りぬき、やりぬく――という心掛けが肝要です。
＊節約は物を大切にするという以上に、わが心を引き締めるために有力だと分かって人間もはじめてホンモノとなる。
＊日常の雑事雑用を、いかに巧みに、要領よくさばいてゆくか――そうした処《ところ》にも、人間の生き方のかくれた呼吸があるといえよう。

# 16 おせっかい

白雲の遠べの人を思ふまも耳にひびけり谷川の音　赤彦

これは「湯の宿」と題した一連の歌のうち、その最初にある歌ですが、やはりわたくしの好きな歌の一つです。信州の山奥の温泉宿にいて、遠くにいる人のことを思っている間も、近くの谷川の音が聞こえてくるというのでしょう。最後が名詞止めになっているのも、かえってこの歌に余情あらしめているようですね。

おせっかいということは、ご承知のように自分が口を出すべき場合でもないのに、他人《ひと》の上について、かれこれとくちばしを差し挟むことをいうのであります。したがってこれは、礼儀の上からはもちろんのこと、修養の上から考えても、よほど深く慎むべき事柄といってよいでしょう。しかるに世の中には——と申すよりも、そもそもお互い自身の生活を反省してみます時、このおせっかいというものが、実は意外に多いことに気づくのであります。ところがこの点については、他の欠点と同じく、自分自身にはなかなか気づきにくいものであります。

それというのもこのおせっかいというものは、他の欠点以上に、自分には気づきにくいわけがあると思うのです。それは何かと申しますと、とかくおせっかいをする人は、自分のおせっかいをおせっかいとは思わないで、それを親切だと思い込んでいるからであります。この点からしておせっかいというものは、なかなか自分には気づきにくいわけであります。

そこで問題は、このおせっかいと親切との区別ですが、これは違うといえばもちろん大いに違うわけですが、同時にまた実際上に、その境目の辺りの区別ということになりますと、そう簡単には区別しにくい場合も、少なくないともいえましょう。そこで以下わたくしの気づいた事柄の二、三を、ご参考までに申してみることにいたしましょう。

さて、おせっかいが親切と違う第一の点は、おせっかいのほうには、どこか自分の「我《が》」というものがつきまとっているということであります。そこでこれを聞かされる側の人は、どこかうるさいと感じ、さらには嫌な感じがするわけです。あるいはまたしつこいと感じる場合もないではないでしょう。

では一歩を進めておせっかいはなぜいけないかと申しますと、その根本は、とかく他人のことばかりを気にして、そのために肝心の自分自身がおろそかになりやすいからであります。なるほどおせっかいも、一応親切といっていえないこともないでしょう。しかし自分を放ったらかしにしておいて、ただ他人の事にのみくちばしを入れているということは、修養の上からは非常によくないことであります。

そこで、たとえば他人のネクタイの歪《ゆが》んでいるのを、注意してあげるということなどは、元来本人の気づかないでいる間違いを知らせてあげることですから、そこには何ら遠慮すべき筋合いはなく、どしどし知らせてあげてよさそうなものですが、しかし以上のような立場から考えますと、必ずしもそうとばかりもいえないと思うのです。あなた方のうちには、これまでそういう種類の事柄は何らためらうことなく、さっさとやってきた人が多いでしょうが、しかしもうあなた方くらいの年頃になれば、他人のネクタイの歪み一つを知らせてあげるにも、第一自分のネクタイが歪んでいないかと、まず自分を顧みる必要がありましょう。それというのも他人に注意しながら、逆に相手から注意されるようでは、まったく面目次第もないからです。

また自分のネクタイは仮に歪んでいないとしても、どういう言い方をしたら、相手の気持ちを傷つけないで知らせることができるか、それを考えて見ねばなりますまい。また仮に適当な言葉が見つかったとしても、そこに他の人がいる場合には、相手に体裁の悪い思いをさせることにもなりかねないでしょう。それゆえいかに適当な言葉でも、そのところを得なかったら、これまた失敗と申さねばなりますまい。

このように、他人の上についていう場合には、ほんのささやかな事柄でありましても、ある程度よく考えた上でなくてはならぬでしょう。

ところが最近では、女子教育の根本が確立していないために、あなた方ぐらいの年頃になっても、まだかような事柄に対して心遣いをする人は、非常に少ないようであります。そしていらぬおせっかいをしながら、もし相手が嫌な顔でもすれば、すぐにその人に対して不快な感じをいだくといったありさまですが、実は責めは自分にあることを知らねばならぬわけです。なるほど親切は一応親切だとしても、それが相手の心を傷つけたのでは、せっかくの親切も台なしです。否、なまじつまらぬことを言い立てなかったほうが、ましだったとさえいえましょう。

このようにおせっかいについて、お互いに気をつけねばならぬことは、おせっかいというものは、なるほど自分には親切だと思っていても、その実それは自分ひとりの我流でやる場合が、少なくないということであります。同時にそのような自分ひとりの我流の好みを他人に押しつけておいて、相手が快く受け容れないからといって不快に思い、はなはだしきはその人の悪口まで言うにいたっては、実際鼻つまみものと言ってよいでしょう。

そしてそれを聞かされた人も「それはあなたのでしゃばりというもので、先方が聞き入れないのは当たり前ですよ」とも言いかねて「フンフン」とうなずいて済ますために、いよいよいい気になって、いつまで経っても改まる時のないのが、わたくしたちの姿だといってもよいでしょう。そしてこのところにいわゆるでしゃばりな人間の悲惨なる滑稽さがあるわけです。

そこで、今あなた方の修養上の工夫としては、仮にそれが悪いことではないとしても、当分の間他人のことに対しては、一切くちばしを入れることを控えるのも、一つの工夫といえましょう。すなわち事の善悪いかんにかかわらず、ここ当分の間は先方から尋ねられない限り、こちらから進んでくちばしを入れることは、絶対に差し控えてごらんなさい。

ここに当分と申しましたのは、ほんのここしばらくだけでよく、少し経《た》てばまた始めてもよいという意味ではなくて、とにかく、何よりもまず試みてみるということです。実際にこれをやってみますと、おせっかいということは、それがいかに親切なように見えましても、そこにはいつしか自分の「我」が忍び込んでいるものであり、真実を欠いた浮わついた所業だということが、次第に見えてまいりましょう。そこで最初のうちは、当分の間と思って着手したことでも、いよいよその必要なことが分かってくることと思います。

それゆえ修養上の事柄は、こう申すと言葉は変ですが、どこか利己的とさえ思われるほどに自己に集中して、己を修めることに全力を注ぐべきだと思うのです。すなわち多少のよいことや親切なことでも、ここ当分の間は、先方から求められず問われない事柄については、かれこれ差し出口をするということは、よほど慎重に考えるべきであって、いやしくもおせっかいとかでしゃばりなどということにならぬよう、くれぐれも注意されることが望ましいと思います。

# 17 告げ口

坐《すわ》りゐて耳にきこゆる蟬《せみ》のこゑ命もつもののなどか短き　赤彦

この歌は、赤彦が歌の上の友人の斎藤茂吉が、長崎で病気をしているのを見舞いに行った時に作った一連の作の一つですが、これ一首だけでも、ゆうに独立しうる歌といえましょう。しかし、今申すような事情を背景において考える時、いっそうしみじみ味わうことができましょう。

ここに「告げ口」というのは、他人がその場にいない第三者の陰口《かげぐち》を言うのを聞いていて、これを直接その本人に知らせることをいうのでありまして、人間の犯す罪のうちでは、最も罪深い所業といってもよいでしょう。たとえば今、甲という人間が、その場にいない乙のことについて、かれこれと批評めいたことを言ったとします。するとこれをその場にいた丙という人間が、後にそのことを当の本人たる乙に向かって「この間、甲さんが、あなたのことを、こうこう言っていましたよ」と告げることをいうのであります。これはただ今も申すように、ある意味では人間の犯す罪悪中、最大なものと思うほどであります。

それというのも、わずか一枚の舌をもって、甲乙二人の人間を、その永年の交情にもかかわらず、一朝にして仇敵のごとくに相対せしめる場合が少なくないからであります。すなわちこれは、いわば両刃《もろは》の剣をもって、二人の間を傷つけるにも似た所業といってもよいでしょう。しかも、両刃の剣で傷つけるのは、単に二人の人間の肉体だけに留まりますが、この「告げ口」というものは、その傷つけるところは二人の人の心であり、魂であります。

このように告げ口というものは、ある意味では人間最大の罪といってもよいわけですが、しかもお互い、この罪から完全に無関係だと考えたら、それは大きな間違いではないかと思うのです。と申しますのも、今厳密に考えたら、何らかの程度で、この告げ口に類することを言わないでその一生を過ごすという人は、非常に少ないのではあるまいかと思うのであります。

もちろん最初から悪意をもって、故意に両人の間の交情の密なるをそねんで、これを割こうとするがごときは、実に言語道断の沙汰で、まったく問題になりませんが、しかしかような故意にする離間《りかん》の「両舌《りょうぜつ》」というものは、実際にはごく少ないといってよいでしょう。実際かくのごときは、天人ともに許さざる最大の罪悪であって、これは換言すれば実に悪魔そのものの所業で、まったく問題にも何もならないことであります。

ところがわたくしたちの日常生活においては、自らそうとは知らずに、話したり振る舞ったりしている事柄が、その実これを結果から見る時一種の告げ口となって、何らかの程度で人と人との間を傷つけつつあることが、厳密に申したら案外少なくないのではないかと思うのであります。少なくとも深く自らに反省する時、そこには否《いな》むべからざるものがあるかと思うのであります。

しかもそのような場合、当のご本人は、多くは自分の不用意な言葉が、それほど重大な結果を生じつつあるとは気づかないのであります。またこれを気づかぬがゆえに、容易にその止む時もないのが常であります。

ではただ今申すような、自らそれと気づかずに犯す「離間《りかん》の両舌《りょうぜつ》」ともいうべきこの告げ口は、一体どうして起こるかと申しますと、たとえば今甲のところへ行っていろいろ話したあげく、乙の噂が出たとしましょう。ところが人間はお互い浅ましいもののゆえ、噂といえば言葉はよろしいが、他人《ひと》のよいことはとかく話さぬものでありまして、噂といえば批評となり、陰口となりやすいものであります。すると、こちらもそれを聞きながら、「いやそうでもないでしょう」とはなかなか言いかねて、つい相《あい》槌《づち》を打ちやすいのであります。ところがそのうちには、単に相槌を打つばかりでなく、こちらもついすべり出して、甲の言わないような乙の陰口までも、今度は自分がつけ足して話し出すということにもなりがちです。

厳密に申せば、すでに甲の言う陰口に相槌を打つだけでも、乙に対しては相済まぬわけであるのに、それをさらに調子に乗って、自分も乙の悪口をつけ足すにいたっては、まったく甲と同罪というべきであります。否、つけ足すどころか人によっては、ちょっとした甲の話をきっかけに、その幾倍もの陰口を言う場合さえないとはいえないでしょう。そしてこのような場合における最悪の罪悪としては、かつて乙が甲に対して言った陰口までも、その場へ引っ張り出すということであります。事ここに及んでは、いかに計画的ではなかったにしても、実に許すべからざる罪悪でありまして、真に救い難いものとなるのであります。

人間はお互いに浅ましいものでありまして、何ら悪意は持っていなくても、陰口というものは、とかく悪口となりやすいものであります。が同時にまたそれゆえに、陰口の多くは、根深い悪意を蔵することは少ないのであります。ところが、かように何ら根も葉もないような陰口でも、一たびそれが告げ口として当の本人に伝えられる時、そこには重大な結果を引き起こすのであります。

かくして二人の人間の間を故意に離間しようとするがごときは、実に悪魔の所業といってよく、まったく言語道断の沙汰《さた》ですが、前にも申したように、自ら故意に傷つける意志はなくても、一方の心なきその場の単なる噂話としての陰口を、当の本人に伝えるということは、これを結果から見れば、先の悪魔的な「離間の両舌」と、結局は同じことになるのであります。

そこでわたくしたちとしては、陰口を本人に伝えるべきでないという慎みは、もとより申すまでもありませんが、単にそれだけでなくて、人が第三者の陰口を話すにつられて、自分もそれに対して相槌を打ったり、さらにはそれに付け足しなどをしないようにとの心掛けが大切でしょう。

もっともここに付け足しをしないということは、厳密にはまだ消極的な慎みに過ぎず、さらに一歩をすすめたたしなみとしては、いつまでも相手に、その場にいない人の陰口などを言わせておかないで、適宜《てきぎ》話題を他へ切り換えるように努めることが、大切な心掛けといえましょう。では今日はこれまで。

# 18 甘え心

今日は一つ、人間の「甘え心」という問題について、考えてみることにいたしましょう。われわれ人間は、この甘え心一つでも、これを本当に取り去ることができたら、相当立派な人間になれると思うのです。そもそもここで甘え心というのは、他人《ひと》にもたれかかるということであって、つまり自己が確立していない何よりの証拠といってよいでしょう。そこでわたくしたちの修養は、まずこの甘え心から抜け出すことと言ってもよいでしょう。

つまり一口に言えば、自分のいやなことは他人《ひと》に塗りつけ、自分の好きなこととなると、他人《ひと》から奪って平気でいるという態度が、すなわち甘えるということでしょう。かくして甘えるということは、当然自分のなすべきことでありながら、自分がいやなら、これを他人《ひと》に塗りつけても平気であり、また自分の欲しいものなら、他人《ひと》の分まで取り上げても、何ら気にしないという態度であります。

したがってこの甘えるということは、これを厳しく申せば、この現実界の秩序を乱すものですから、仮にわが家の内ではそれで通って行けるとしても、一旦家を外にして世間というものに出ますと、たちまちにして困るのであります。そこで昔から甘えっ子のことを「内弁慶の外引っ込み」などと言うのであります。

そもそも人間が成長するということは、ある意味では「分の自覚」が明らかになって、それによって自立するようになることだともいえましょう。すなわち自分の受け持ちの仕事は、あくまでこれを自分でし、同時にいかに自分にとって都合のよいことや好きなことであっても、いやしくもそれが他人《ひと》の受け持ちに属する限り、決してくちばしを入れるべきでないということが、次第に分かってくるわけです。

ところがお互いに年だけは重ねても、今申すような事柄についてはとんと気づかず、いつまでも気ままに振る舞っているというのでは、いわば大きな子どもと同じだともいえましょう。もしそういう女性が、そのまま結婚してわが子を持つようになったとしたら、子どもは大変なお母さんを持つことになるわけです。

昔から人間が磨かれるには、苦労をするのがよいといわれ、「艱難汝《かんなんなんじ》を玉《たま》にす」などと言われるのも、つまりはこうした甘えることのできない境遇におかれることが、人間の確立のためには有益であるということにほかならないでしょう。すなわち艱難とは、これを言い換えれば、甘えようにも甘えることのできないような境遇に放り込まれることだともいえましょう。


そこであなた方の中にも、不幸にしてすでにご両親を亡くされた人とか、あるいはご両親のいずれかが、実の親でないというような人は、それを単に自分だけの不幸と考えているのは本当ではありません。なるほど凡情としては――特にあなた方のような年頃の人としては、そのように考えるのも、一応自然ではありますが、同時にそれに甘え溺れていないで、それから一歩先へ突き抜けていくことこそ、人生の真の生き方というものでしょう。

同時にひとたびこのような心構えが確立いたしますと、自分がこれまで嘗《な》めてきた苦しみは、普通に恵まれていると思われている人々よりも、はるかに深い意味をもって、わが身の上に与えられつつあると思われるようになりましょう。同時にこのような自覚にまでいたらない間は、せっかくのそうした境遇も、これを生かすことができないばかりか、かえって人間がひねくれていくのです。

かくして人間は、現在自分の受けつつある不幸を、単に自分ひとりが嘗めさせられていると考えるか、それともこうした不幸によって、自分の甘え心を取り去るために神の深い計らいが働いていると気づくかにより、その人の一生にとって、実に大きな分かれ目になると思うのであります。同時にまた人間は、現在自分の受けつつある不幸が、実は神の深い御心だということが分かり出しますと、これまで自分ひとりが不幸に歎《なげ》き悲しんでいると考えていたのに、この広い世間には、自分と同様の悲しみを抱いている人や、さらにはより深い悲しみをもっている人の少なくないことが、次第に見えてくるのであります。

以上は、仮に両親の有無を中心として申してみたわけですが、しかし人間の不幸は、もちろんそれのみに留まらないのであります。もっとも親の有る無しということは、人間の不幸の中でも、おそらくは最大なものといってよいでしょう。しかしそれすら先に申すように、その人の心掛けいかんによっては、一種の幸福に転じ得ないものでもありません。いわんや家の財産が下り坂になったとか、あるいは家族に長い病人があるとか、さらには家が火事で焼け出されたとか等々、これによってわが身の甘え心の根切りをして下さる神の深い計らいにほかならぬとして、それらの一切を甘受してゆくことでありましょう。

人間はその人の気立てがいかによくても、もしこの甘え心が取れない間は、真に事を托しうる人とはいえないでしょう。またあなた方女の人の場合には、この甘え心のとれない限り、たとえ結婚したとしても、その結婚生活は決して幸福なものにはならないでしょう。甘え心が除《と》れぬということであり、我がままが除れぬということは、結局は人間が鍛えられていないということであります。これは言い換えれば、人間がお人好しだということであり、ていのよいお馬鹿さんだということであります。

以上は「甘え心」を去るという問題を、主として不幸を中心として申してみたわけですが、しかし甘え心というものは、必ずしもそうして不幸の場合のみと限らず、わたくしたちの日常生活の上に、いろいろな形で忍び込んでいるのであります。

そこでわたくしたちは、現在の自分の生活を省みて、少しでもこの甘え心を除く工夫をすることが必要であります。それにはもちろんいろいろな途がありましょうが、今あなた方にとって一つの有力な途は、ご両親特にお母さんのお手伝いをするということでしょう。それというのも、現在自分のなすべきことを、お母さんにしていただいているということが、現在のあなた方としては、何よりの甘え心といってよいからです。ですからそうした甘え心を脱却するには、自ら進んでお母さんの仕事のお手伝いをするのがよいでしょう。

もっともそうしたお手伝いの中には、弟妹の世話というようなこともありましょう。たとえば小さな弟や妹を寝間着に着替えさすとか、あるいは一緒に風呂に入れてやるとか、かような弟妹に対する世話は、ひとりお母さんへのお手伝いとなるのみでなく、また弟や妹に対して、姉らしくする道でもありましょう。かくして甘え心を去るには、お母さんのお手伝いの他、弟や妹に対して、姉らしくする方面もあるわけです。

たとえばあなた方くらいの年頃にもなれば、お菓子や果物なども、時には自分の物を多少割《さ》いても、弟や妹に余計にやって、その喜ぶ顔を見て楽しむという心持ちが出てもよいでしょう。そもそも物の本当の味わいというものは、自分は食べないでも、他人《ひと》に食べさすほうがより楽しいというにいたって、初めて知り得るものであります。これがいわゆる「天国の味」というものです。

このようにわが生活のあらゆる面を省りみつつ、できるだけ甘え心を去るということが、わたくしたちにとっては、修養への一つの大切な道と思うのであります。

＊人間が謙虚になるための、手近かな、そして着実な道は、まず紙屑《かみくず》をひろうことからでしょう。
＊「義務を先にして、娯楽を後にする」――たったこの一事だけでも真に守り通せたら、一かどの人間になれよう。

# 19 質素の徳

質素の大切なことについては、あなた方としても、すでにこれまでにも、度々聞かれたことだろうと思います。しかし質素は何のために必要かという点については、もちろん知らないわけではないでしょうが、同時にまたどれほどまでお分かりかは、疑わしい点もあろうかと思うのです。

もっともかように申しますと、あなた方の中には「この歳になって、質素の意味の分からないものなんかありはしない」と言われる方もありましょう。しかしすべて道徳上の事柄というものは、それが十分に行えないということが、実はその分かり方が不十分なことの、何よりの証拠といってよいのです。

それというのも、普通には質素ということを、単に経済上の問題と考えやすい向きがあるようですが、もちろん経済上の立場からする質素倹約ということも、それ自身大いに意味のあることではありますが、しかしわたくしは質素の意義は、それ以上に精神上の価値があると思うのであります。

そもそもお互いに物の豊富な時と乏しい時とでは、どちらが深くその物の値打ちを認めて有り難く思うかといえば、申すまでもなく物の乏しい場合であります。たとえばマッチなどでも、その辺に幾らも転がっていれば、「なあに擦《す》り損なったとしても幾らもある」とぞんざいに扱いますが、もしそこにたった一本しかなかったとしたら、一本のマッチをする時、わたくしどもの心はいかに緊張することでしょう。これは皆さんもよくご経験のことと思います。かくしてわたくしたちは、物が乏しくてつつましやかな時に、初めてその物の真の値打ちを知ることができるのであります。

お弁当の有り難さなども、何かの行き違いからたまに忘れてきてみると、今さらのように身にしみて分かるものであります。また鉛筆などにしても、あちらの引き出しにも二、三本、こちらの筆立てにも三、四本あるというよりも、筆箱の中に二、三本つつましやかに、しかも短くなったのも加えて取り揃えられている時のほうが、はるかに有り難くて、削る際その削り方の一々の上にも、心にしみるものであります。

そこでぜいたくな上等のお弁当をいただく場合と、自分から申し出て質素な簡単なお弁当をいただく場合と、そのいずれがはたして真に有り難さが感じられるかと申しますと、それは質素なお弁当をいただく場合であります。ちょっと考えますと、ぜいたくなお弁当のほうが有り難いように思いましょうが、実際はそうではないのであります。これは自分で試みた人のみが知る事柄であります。

ひとりこれのみに限らず、すべて道徳修養上の事柄は、実際に行ってみないことには、真の味わいは分からないものです。それはちょうど食物の味わいは実際に食べてみないことには分からないのと同様です。そこであなた方もすべて物事を聞き流しにせず、またその場限りの感激のみに留めないで、一つでもよいですから、自ら進んで実行してみないことには、何年修身の話を聞かされても、実際に得るところは少ないでしょう。それはちょうど菓子や果物の味わいの説明を、何年聞かされたとて、それらを食べてみないことには、実物の味は何一つ分からないのと同様です。

そこで質素の与える精神上の収穫は何かといえば、それによってわたくしたちの心が引き締まるということでしょう。どうもぜいたくに育った人は、人間としての引き締まりにおいて、とかく欠けやすいものであります。申すまでもなく、人間の引き締まりは心の引き締まりであり、そうした心の引き締まりからして、初めて物に対して感謝の念も湧《わ》いて来るのであります。感謝などということは、口では誰でもよく申しますが、これはなかなか難しいことであります。実際物に対して真に心から有り難いと思うのは、決して容易なことではないでしょう。

こう申すのは失礼ですが、おそらくあなた方も、お昼のお弁当を真に感謝して食べる人は極めて少ないと思うのです。その証拠には、お弁当をいただく時、そっと机の上から持ち上げていただいて食べる人が、一体どれ程あるといえるでしょうか。物に対して真に有り難いと思う心が起きますと、それは必ず、何らかの形をとって現れるものであります。ですから、何ら形の上に感謝の気持ちが現れるにいたらない間は、たとえ口では何と言ってみても、結局真の感謝の心にはなっていないわけであります。

押しいただくどころか、昔の心ある人々は、ご飯の最初の幾粒かを、まず膳の脇へ取って除《の》けておいたものであります。それは食物の神に対して捧げるわけであります。そしてそれを食事のすんだ後、集めて庭の小鳥たちに与えたという話さえあります。否これはひとり昔のことのみでなく、現に禅宗の僧堂などでは、今日でもなおこうしたことが厳粛に行われているようであります。

そこで質素ということは、もちろん経済上からも必要なことは、今さら申すまでもないのですが、しかしそれ以上にわたくしには、精神的な意味が深いと思われるのです。そしてその精神的な意味とは、すなわち物に対する感謝の念であり、そしてそのような感謝の念は、やがてその心の引き締まりをきたすのであります。経済上の問題は、こうした心の引き締まりからきたる、自らなる結果に過ぎないともいえましょう。ですから、もしこの根本の一点を明らかにしないで、単に経済上の立場からのみ考えますと、質素ということも、いたずらに人間を卑しくする所業ともなりかねないのであります。そしてこの点は、深く注意を要することと思うのであります。

したがってまた質素という問題は、元来他から強制される事柄ではないでしょう。もっともこうは申しましても、寄宿舎とかあるいは僧堂などで、強制的にさせられた質素な生活も、決して無意味とはいえないでしょう。しかしそれはいわば習慣の程度のものであって、質素の持つ真の精神的な意味は、単なる強制によって得られるものではありません。

そこであなた方も、最初の間はわずかなことでよろしいですから、何か自分の身の周りの事柄の中で、一つ二つ進んで質素の工夫をしてみられるがよいと思います。すべて修養上の工夫というものは、他人に話せば笑われるようなことでも、そこにその人の自覚さえあれば、内に限りない意味を見出されるものであります。

# 20 整頓

みどり子の肥え太りたる腕短しただだに歓びて湯をたたき居り　赤彦

赤彦には比較的珍しい子どもを詠《よ》んだ数少ない歌の一つといってよいでしょう。それゆえ赤彦としては、必ずしも秀歌とはいえないかもしれませんが、とにかくここに抜き出してみた次第です。それというのも、あなた方が女性であって、やがては母となる方々だからであります。

さて今日ここで取り上げようとしている整頓という事柄は、実はわたくし自身も、よくは行えていない事柄の一つであります。したがってこうしてここにお話し申すのも、実ははなはだ気がひけるわけですが、しかし考えてみますと、あなた方のような女性としては、この整頓という問題は将来非常に大切なことですから、やはり少しはお話ししておきたいと思うのであります。

そもそもこの整頓という問題は、どうもその人の生まれつきということがあるようであります。もっとも生まれつきといえば、ひとり整頓のみならず、すべてが生まれつきともいえるわけでしょうが、しかし整頓という問題は形に関する事柄であるだけに、特にその点がハッキリするようであります。

たとえば同じく兄弟でありながら、兄と弟、あるいは姉と妹とでは、整頓の仕方がすっかり違うというような場合が、わたくしの知っている範囲でも少なくないのであります。もちろん他の事柄と同様に、この整頓ということなども、環境すなわちその人の生い立った家庭の影響を受けることが少なくないでしょうが、同時にまた単にそればかりでもないように思うのです。

すなわちただ今も申すように、同じ家に育ち、同じ親の「血」を分けた間柄でありながら、兄弟によって随分に違いのある場合が少なくないようであります。これはこの整頓という問題が、深く人々の天性に根ざすことを示すものといってよいでしょう。

では整頓がまずいというのは、一体どういう性質かと申しますと、一口に申せば、物事にしまりがないということでしょう。さらには、物事のしめくくりが悪いということでしょう。すなわち整頓がよくないということは、これを言い換えますと、すべて物を出しっ放しにして、後片づけをしないといってもよいでしょう。つまりは、尻《しり》くくりのよくない性質ということであります。

そこで整頓のよくない人には、どうも安んじて事を任せるわけにゆかないともいえるのであります。つまりそういう人は、物事を着手することは真っ先にやりますが、さてそのしめくくりということになると、どうも放りっぱなしで、とかく尻くくりがよくないという場合が多いようであります。言い換えますと、整頓のよくないといわれる人は、どうも色気(慾)ばかり多くて、後のしまりが足りぬというのが、一般の通則といってよいようです。

ところが世間には、整頓だけはできるという人も時にはあるようです。これは修養の結果とか、あるいはその人が、人としてすべての面において立派なためというのではなくて、ただその人が天性、整頓だけは割合よくできるというのであります。もちろんこれも結構なことには相違ありませんが、しかし単にそれだけでは、それはその人の「性分」であって、それほど尊敬に値するとまではいえないのであります。否、かような人の中には、時としては、病的とさえいうほどに潔癖症の人もあるものです。

もっともこれは、言葉の場合にも時に見られる現象でありまして、もちろん多くの人は、どちらかといえば、まず多言になりがちなものであります。したがって言葉の上の慎《つつし》みといえば、一般には「寡黙」が大切な心掛けとされるわけですが、しかし今も申すように、整頓の場合、時に病的な潔癖症の人があるように、言葉の場合にも時に、病的ともいうほどの黙《だんま》り屋もあるものです。

かような黙り屋というものは、その弊害はもちろんおしゃべり程ではないともいえましょうが、しかし必ずしも賞讃すべきものとはいえないでしょう。つまりかような人は、どこか心に結ぼれがあるのでしょう。したがってかような人は、どこか陰性でいこじなところがあり、いわゆるすね者が少なくないようです。つまり、表面はいかにもおとなしそうに見えますが、内心では案外なかなかのことを考えているものであります。

ですからかような人間は、男性の場合には酒を飲むと多くはまったく別人のようになって、雄弁滔々《とうとう》と人をまくし立てることが多いものです。また女性の場合には、こういう人がとかくヒステリーになりやすいようであります。男性でも酒を飲まないと、神経衰弱とか、はなはだしきは狂人になる場合もあるようです。つまりは修養によっていたり得た寡黙ではなくて、心の結ぼれている病的変質的な寡黙だからであります。

さて話が脇へ外れましたが、このようなわけで真の整頓は、やはり自覚的でなければならないのです。生まれつき病的なほどの整頓好きで、いわば整頓狂ともいうべき人は、なるほど整頓ということだけを取れば、大いに結構でしょうが、しかしそれが、その人の人格全体の現れという意味を持たなければ、本当ではないわけです。

しかしわたくしたち常人は、とかくふしだらになりがちなものですから、そこで、一般普通の人々にとっては整頓ということは、確かに自らの心を整える修養として、大切な意味を持つわけであります。特に女性の場合には、わたくしはこの整頓ということは、非常に大切だと考えるのであります。実際だらしのない女性ほど困り者はないともいえましょう。

さて整頓についての心掛けですが、それは先にも申すように、根本的には、すべて物事の終わりをまっとうするということでありましょう。言い換えれば、すべて物事の締めくくりに気をつけるということです。

たとえて申せば、今あなた方が、自分の家の机の前で勉強しているとしましょう。そして夜もかなりに更けて、頭も大分疲れてきたので、もうこの辺で寝ようとしたとしましょう。あるいはまた予定の仕事も仕上がったので、ホッとして、これから寝に就こうとした時、その場合、机の上に出した物を元に返すに要する時間は、まず二分かせいぜい三分くらいのものでしょう。ところがお互い人間は、この最後の一、二分のふんばりが、とかくできにくいものであります。そしてその時いわゆる不整頓屋となる訳です。

あるいはまた日曜日の朝食後、新聞でも見ていたとしましょうか。見ているという点では同じですが、見てしまった際、それを折り畳んで置くか否かによって、そこに人間が二種に分かれるといってもよいでしょう。しかもその分かれ目は、これを時間の上からいったら、まさに数秒の差に過ぎないのです。

このように人間の分かれ目というものは、多くの場合、ほんのわずかな差にすぎないのであって、古人はこれを「幾《き》」と申しています。しかもそのほんのわずかな相違が、実はその人の平素の心掛けから来るのであります。それはちょうど、氷山の海面上に出ている頂《いただき》はほんのわずかなものですが、しかも水面下には、まるで巨山のごときものが隠れているにも似ていましょう。

ところでこの整頓ということは、ある意味では主婦として最大の徳といえるかもしれません。実際整頓のふしだらな女《ひと》を貰ったご主人は、生涯うだつが上がらんともいえましょう。それと申すのも、その家の家風というものは、一歩玄関の内へ踏み入ったら、大体の見当はつくものです。それはたとえば、履物の揃い加減一つでも分かるわけです。履物がキチンと揃っているばかりか、第一その数も少なくてキリッとしている。そのうえ植木鉢か何かが置いてあるという玄関でしたら、一歩入ってすでにその家の空気のすがすがしさを思わせます。要するにそれは、主婦の心のすがすがしさの現れといってよいでしょう。

それというのも整頓の秘訣《ひけつ》は、すでに度々申すように、用の済み次第、すぐにそれを片づけるということでしょう。そしてもう一つ大事なことを付け加えれば、なるべく不用の品は、人の目につくところへは出しておかないということです。この不用の品は出して置かぬというところに、その家の主婦の心の引き締まりの程がうかがわれるわけであります。

さてそれでは最後に、整頓の着手点の第一歩は何かというに、主婦としては、まず食事の後の後片づけをすぐに、ということでしょう。ですからこの食事後の後片づけ一つでも、その人の大体の人柄は分かるものであります。

ところがその反対に、玄関に入ると下駄が散乱している。玄関の障子は一方は閉まって一方は開いている。そしてそこから奥まで見通しというような家は、もうそれだけで、内部の整頓のふしだらさの程が察せられましょう。

そもそも整頓の理想は、凛乎《りんこ》として引き締まっていて、そこにはいわば一種の精神的な雰囲気が漂《ただよ》っていて、一歩そこへ踏み込む人に、ただちにそれが感じられるようでなければいけないでしょう。たとえばその人の不在の時にその家に入っても、一物といえども乱れていないというのが、おそらくは整頓の理想というべきでしょう。しかしこれは実際問題としては、決して容易なことではないでしょう。

ひどい奥さんになりますと、次の食事に迫られるまで放っておくという人も、時に無いでもないようですが、かようなことでわが子の躾《しつ》けなどできるものではありません。

このように考えてまいりますと、わずか整頓一つの上にも、わたくしたちの人柄の一端はうかがわれるという意味があるわけです。仏教にも「心浄《きよ》ければ国土浄し」といわれているように、その家その室のすがすがしさは、そこに住む人、特にその家の主婦の心のすがすがしさを語るといえるようであります。

# 21 一つのこと

これからお話ししようと思うことは、事柄自身としては、極めて簡単なことであります。

それは他人から物を尋ねられた場合は、妙にためらったりはにかんだりしないで、素直に答えるということです。それにもう一つ付け足しをいたしますと、「但し他人《ひと》から尋ねられないのに口を開くということは、慎重にするのがよい」ということであります。

すなわちお互いに他人《ひと》から尋ねられもしないのに、こちらからしゃべり出すということは、もちろん絶対にいけないというわけではありませんが、その場の様子をよく考えて、いわゆるでしゃばりにならないように、気をつけるのがよいということです。

しかし、一旦人から尋ねられた以上は、仮に相手の人が、自分より相当上の方であっても、否、相手の身分が上であればあるほど、素直に自分の思っていることが、すらっと答えられるようでなくてはいけないと思うのです。

ところがわたくしの今日までの経験によりますと、どうも女の人は、こちらから物を尋ねても、妙にためらったりはにかんだりして、なかなか素直に答えない場合が少なくないのです。そのために、こちらはいろいろと心を使い、うっかりするとそのために、お互いの間に気まずい思いさえ、起こらぬといえないほどであります。

もしこのようなことをもって、「女性は控え目がよい」ということでもあるかに考えているとしたら、それはとんでもない誤りです。女性は控え目がよいというのは、ただ今の例で申せば、先方から問いかけられもしないのに、こちらから何か話しかけることは、慎《つつし》むほうがよいという意味であります。

もちろんこれは、われわれ男子としても大事な心掛けでしょうが、特に女性はこの点は慎む必要がありましょう。

すなわち相手から話しかけられないのに、こちらから口を切るということは、男性としても慎まねばならぬことであって、慎み深い人は男性でも、そういう点はおろそかにしないものであります。

しかしあなた方のような女性の場合には、その点特に控え目であることが大事だと思います。たとえばあなた方のお家へ、親戚の叔父さんとか伯母さんなどが来られたとして、その場合先方の問われないことを、調子に乗ってこちらから話したり問いかけたりするということは、一般には控え目にするのが本当でしょう。

またあなた方が卒業後、小学校に奉職した際などにも、同僚の男の先生あるいは女の先生方に対しても、こちらから先に口を切るということは、無論いけないというのではありませんが、当分の間は、控え目なほうがよいでしょう。そしてその上で口を切るべきならば切る、というわけです。この辺のたしなみは、女性は男性以上に大切だと思うのです。以上は女性のたしなみとか、女は控え目がよいとかいわれることの、具体的な一例とも言えましょう。

しかしながら、ひとたび先方から尋ねられたとなりますと、趣はまったく異なってくるわけです。すなわちひとたび先方から尋ねられた以上は、どうしても答えねばならぬのです。でないと、それは一種の非礼となるからです。この点はいかに控え目がよいといっても、相手から尋ねられたのに、何らの答えもしないというのは、控え目どころか、明らかに非礼といわねばなりません。もっともその際尋ねられた事柄が、非常に重大な問題であって、自分の返事のいかんによっては、自他に対して重大な結果を引き起こすような場合には、充分考慮した上でなければお答えできないでしょう。

思うに女の人が、このように返答をするのをためらうのは、自分の言うことが、相手の人の考えと合うかどうかということを気にして、そのために答えをためらうのかとも思いますが、しかし日常の簡単な会話の場合などには、相手の考えと合おうが合うまいが、そんなことは、それほど重大な問題ではないのです。

そうではなくて重大なのは、何を答えるかということよりも、むしろ答えをためらって、そのために相手の心をじらすような非礼を犯さないことこそ、大事な点だといえましょう。それゆえ日常普通の会話の際には、必ずしも先方の考えと、合う合わぬというようなことにはあまりこだわらないで、自分の考えをありのままに、素直に答えるがよいでしょう。

仮にその場合、たしなみのない一部の人々が笑うようなことがあったとしても、それはそれらの人々の問題であって、それほど気にする必要はないでしょう。もちろんその場合調子に乗って、いらないことまで付け加えたりすることは、慎まねばなりますまいが、ただ自分の考えを素直にありのままに答えるということは、ひとりたしなみというばかりでなく、実に人間としての当然の礼儀というべきでしょう。

最後にもう一つつけ加えるとすれば、そういう場合すらりと素直に答えないで、いやにもじもじする人は、陰ではおしゃべりだったり、あるいは見えっ張りだったりする場合が多いということです。これはほとんど百発百中、例外なしといってもよいほどです（皆笑う）。

# 22　子どものしつけ

赤松の幹より脂《やに》の沁みいづる暑き真昼となりにけるかも　　赤彦

これは「太虚集」の中にある一首ですが、赤彦の短歌の中では、最もよくその写実的な傾向を示しているものといえましょう。このうちで中心を成しているのは、言うまでもなく「脂の沁みいづる」という一句でしょうが、一見何でもないような表現でありながら、最も端的にその場の情景を示していると思います。

躾《しつ》けというものは、子どもの教育の根本となるものですが、しかもそれは、まったく母親の聡明と根気によるほかないからであります。

そもそも躾けが大事だということは、一応は誰でも知っているわけですが、しかし真にわが子の躾けのできる母親というものは、おそらく十人に一人もないといってもよいほどです。そしてその根本は、畢竟《ひっきょう》するに母親がわが子に対して根負けするからであります。

と申しますのも、躾けというものは、ある意味では、親と子どもの根比べといってもよいからです。つまり親が負けるか子が負けるか——という一種の根比べといってよいのです。

たとえば子どもに返事一つさせるにも、実際にはなかなか根気のいるものです。子どもの中には、親が呼んでもすぐには「ハイ」と返事をしないで「なあに」という子どもがあるものです。うっかりすると現在のあなた方の中にさえあるかも知れません。ところが一度子どもにこの癖がつきますと、この「なあに」という一語を、「ハイ」という返事に改めさすことさえ、実際には容易ならぬ根気がいるものです。

なるほど「なあに、などというものではありませんよ。ハイ、と言い直してごらん」と言えば、その場はそれで直しましょう。しかし次にはまた、元の「なあに」に返ってしまいます。そこでこの「なあに」という一語を徹底的に根切りにするだけでも、母親は並々ならぬ根気がなければ、とうていできることではありません。

そもそも癖というものは、実に恐ろしいものでありまして、一度癖になったものは、なかなかちょっとやそっとの努力くらいで直るものではないのです。つまり自分にも悪いと気づき出してからでも、いざその場になると、ついヒョコリヒョコリといつもの癖が出るものです。それが癖の癖たるゆえんです。そこで躾けとは、一面からいえばこれまで浸みこんだ悪い癖を、根こそぎ抜き取ってしまうとともに、その代わりに立派な良い癖を、しっかりと植えつけることだともいえましょう。

したがってそれがいかに容易ならざることかがお分かりになりましょう。もともと永い間に浸みこんだものですから、自分にも悪いと知っていながら、ついヒョコリヒョコリと出てくるわけです。それゆえ子ども自身でさえ、時には自分の癖の直らなさ加減にあきれることもあるほどです。

ですから、その辺の呼吸をよく飲み込んで扱わないと、時には「お母さんったら、そんなにやかましく言わなくたっていいんじゃないの」といった調子の口答えをするようにもなりましょう。そうした口答えを聞くことのいやさから、つい中途でおっぽり出してしまいがちなものです。このようなわけで躾けということは、まったく親子との根比べといってもよいでしょう。

　では、そのような根気というものは、一体どこから出るかというと、結局それは母親のわが子に対する慈愛の一念のほかないといってよいでしょう。すなわちわが子の躾けに対する根気の源泉は、まったく母親の慈愛の一念のほかないわけであります。つまり「この子の癖は、今のうちに直しておいてやらぬと、あの子はこの癖のために、つまずく時があるかもしれないから」というような、聡明な見通しから湧き出る慈愛によって、「どこをどうしても、この癖だけは取り除いておいてやらなくては」という一大意志力も出てくるわけであります。

　ですから意志力の根気というものは、単に相対的な意地とか張り合いなどでないことも、よくお分かりになられたでしょう。単なる意地や張り合いなどというものは、一見いかにも強そうに見えますが、いつかは尽きる期《とき》のあるものです。ところが慈愛の源泉から湧き出す根気にいたっては、まさに尽きる期のないのが本来であります。

もちろん女性はその本性からして、すべての人が一応は本能として、こうした傾向をもっているともいえましょうが、しかし本能は、それが単なる本能に留まるかぎり、つまりそれが理想の光によって浄化洗練されない以上、その本来の相を現すものではありません。

そこであなた方も娘時代の現在から、すでにこのような大問題への一歩を踏み出しつつあるのだと、自覚されることが大切だと思います。

そこでわが子の躾けに対する根気は、あなた方の現在において、一体どういう形で養われるかと申しますと、それは現在あなた方自身が、娘として自分の欠点を直す上で根気強く、どこまでその力を尽くすことができるかということでしょう。実際自分の欠点一つ直すだけの根気のない者が、どうして将来人の子の母となって、幾人ものわが子の欠点を、根気よく直してやることができましょうか。

かように考えてきますと、現在あなた方が、わが身の欠点を真に徹底して直そうとする努力こそ、実はそのまま、将来人の子の母となるための資格を、身につけつつあるわけであります。そしてここに娘としての修養が、やがてまた母としての修養の基礎となるゆえんがあるわけです。実際母としての修養の基礎は、実はあなた方の娘としての現在、すでに始まりつつあるわけであります。

同様にまた夫の悲運や逆境の際、その失望落胆を励まし力づける妻としての力も、ある意味ではすでに今日芽ぐみつつあるわけでありまして、この力は結婚などを、ただうかうかと、甘い考えで空想しているようなことでは、断じて得られるものではありません。

ですから、現在わが身の肉体上の苦痛一つも、大げさには言うまい——というような心掛けの一つひとつが、やがてやさしい女性の励まし一つで、大の男を失望のどん底から、再び雄々しくも立ち上がらせる力にもなるわけであります。

かくして母としての根本も、妻としての根本も、畢竟するに娘としてのあなた方の、今日ただ今における一つひとつの努力修養の中に、その二葉は芽生えつつあるわけであります。したがってこの点に思いいたらないかぎり、あなた方の修養も、決して真の力強いものとはなり得ないでありましょう。

＊しつけの三大原則

(1)朝のあいさつをする子に――。それにはまず親のほうからさそい水を出す。

(2)「ハイ」とはっきり返事のできる子に――。それには母親が、主人に呼ばれたら必ず「ハイ」と返事をすること。

(3)席を立ったら必ずイスを入れ、ハキモノを脱いだら必ずそろえる子に――。

# 23 加藤理学博士について

昨日皆さんとともにお聞きしました加藤理学博士のお話は、わたくしが過去幾年かの間に聞いた話の中でも、最も深い感銘を与えられたものでした。

初めは偉人祭の行事として、和宮《かずのみや》様のお祭り並びにそれに関する講話の後で、女性の理学博士のお話があると聞いた時には、わたくしは何か一種のそぐわなさの感を抱いていたのであります。ところがやがてその方は家庭をお持ちになり、さらにお子さんを二人も育てておられる方だとお聞きして、いささか感じが変わってまいったのであります。そして多少積極的にお話を聞きたいという興味を持ち出したのでした。

さていよいよ講堂において、当の加藤博士があの和服姿で、黒の三つ紋の羽織を召されたお姿をお見受けした際わたくしは、実に意外な感じを受けるとともにお話を待ちうけるわたくしの気持ちは、一度にたかぶった次第でした。

おそらくあなた方も同様な感じだったかと思いますが、あのご様子の中には、あの方が女性の理学博士であり、いわんやあの日も午前中は京都大学の理学部で、専門の学生を相手に学問上の講義をなさった方というにおいは、まったく露ほども感じられませんでした。


さていよいよお話に入ってからも、わたくしには意外な事柄が多かったのです。まず最初に詩の暗誦《あんしょう》をなさったことは、多分あなた方としても驚かれたことと思います。女性の身でありながら、現在わが国の理学界で一家をなしておられる方が、その少女時代には詩にあこがれたひとりの純情な乙女だったということは、わたくしにはいろいろなことを暗示させられたのであります。

もちろんそれは、二十数年も前に詠まれた詩を、あのようにすらすらと暗誦できる記憶力の強さもさることながら、同時にわたくしとしては、人間の教養の基礎には、深くて広い心情の世界がなければならぬということを、今さらのように感じられたのであります。しかもそれが、あの際詩の暗誦によって、ご自分の記憶力を示そうなどというお気持ちは微塵もなく、ただあなた方の乙女姿をご覧になって、自らのありし日の姿を思い出されて、自ら溢れ出たものであることを思う時、わたくしのこの感じはひとしお深いものがあった次第です。

次に感じたことは、女子師範時代に図画に熱中されたというお話でした。ご自身も「わたくしは凝《こ》り性ですから」と申しておられましたが、この凝り性ということが、また一つの大事な問題であります。すべて偉大な仕事を成し遂げた人、あるいはそうまで申さずとも、すべてひとかどの人物といわれるほどの人は、男女を問わず、どこか凝り性ともいうべきところがあるようであります。実際そうでなくては、あそこまではいけないのであります。すなわち凝り性の人とは、ある一つの事に自己を打ち込むことのできる人ということであります。

師範学校時代に生徒たちから、「九点先生」というあだ名《な》までつけられて、誰ひとり十点をもらった者のない先生から、どうにかして十点もらおうとされて、四年間という長い間、絵ばかり描かれたという強靭な意志力は、やがて後には家庭の重荷を背負いながら、生涯を貫いて、ご自身の研究を続けられた意志力となったのでありましょう。しかもそれほどまでに努力されながら、その教師からは最後までついに十点はもらえなかったにもかかわらず、それを恨みともせず、また中途で投げ出すようなこともなさらず、否、それによって得られたものが、後年いかに自分を益したかを感謝しておられるお姿こそ、実にお見事な態度だと思うのです。が同時にまたああしたお心掛けでなければ、真に偉大な仕事というものは、できないものでありましょう。

後で校長室でのお話に「わたくしは地位も名誉も望みません。ただ自分の努力が少しでも人類の幸福になるなら、それで満足です」と申しておられましたが、つまり絵において点数を恵まれなくても、何ら恨みとせず、中途でこれを止められなかった意志力は、やがて報いを求めない心となって、ご専門の研究の道に生涯を貫こうとするようになられたのでしょう。

同時にかつての日の図画への異常なご努力も、師範在学中にはついに報いられなかったけれど、やがて女高師に入られてから報いられたように、あの方の生涯を貫いたご努力は、よし、ご存命中には十分に報いられないとしても、おそらくはご逝去の後において報いられることでありましょう。

現に今朝もお聞きするところによりますと、あの方のお書きになった文章が、近く国定教科書に載るということであります。

かくしてあの方の偉さは、ご自身の現在の境遇に何ら不平の念をお持ちになられず、しかも自分の志すところへ向かって、あくまでも打ち込んでいかれる、その比類なきご努力にあると申せましょう。師範卒業後早々のうち若い女性の身として、自ら進んで村の夜学を受け持たれて、青年たちに必要な珠算を教えられた異常なご努力は、やがて方向を転じて女高師から帝大を出て、ついにわが国で三人の女性理学博士のひとりになられながら、なおかつ留まるところなく研究の歩みを進める力となっているのでしょう。

なお今一つ注意すべきことは、あの方を今日あらしめた背後の力として、そこには偉大なお母さんがおられるということであります。一家の破産によって女学校の三年から、あの方を女子師範に入れられたお母さんは、自分もこれからひと勉強すると言われて、東京へ出てミシンの学校へ入られたということであります。さらにまたあの方が田舎の農村に骨を埋めようと決心しておられたのを、是非にといって女高師へ行くことをすすめられたのも、みなお母さんの力だということであります。

また今日二人のお子さんまでありながら、お手伝いさん一人使わずに過ごしておられることなども、ひとえにこのお母さんの、献身的なご努力から来ていると申してよいでしょう。日曜などには、あの方ご自身も洗濯までなさるとのお話でしたが、「体の丈夫な点では、とうてい母に及びません」と申しておられました。

こう考えてまいりますと、あの方を生み、あの方をして今日あらしめた背後には、あの方に劣らぬお偉いお母さんが控えておられることを知らねばなりますまい。このこともまたわたくしどもにとっては、大切な教訓であります。とにかくに昨日のお話は、味わえば味わうほど意味深いお話でありまして、おそらく今後も、ああいう種類のお話を婦人の方からお聞きすることは、二度とはあるまいかとさえ思われます。

さてあなた方の前には将来主婦としてまた教師として、という「一人二役」の大役が横たわっているわけですが、あのような方が、現在この日本の一隅におられることは、あなた方も努力次第では、自分の前途に横たわるこの大役を、見事に果たすことが必ずしも不可能でないことを如実に教えられたわけであります。

またわたくし自身としましても、わたくしの今後の歩みの上に、実に容易ならざる教訓を与えられたわけでありますが、しかしそれがいかなることであるかは、今日ここで申すべきことではありませんので差し控えます。しかしとにかくわたくし自身にも、大切な教訓を得たわけであります。願わくばあなた方も、わずか三、四十分のお話ではありましたが、あの中から「女性として及び女教師として」というこの二つの道を、将来いかに調和させてゆくべきか、という難問題に対して、一つの鍵を見出していただけたらと思う次第です。

その意味では、あれほど大きな教訓を含んだお話というものはその場での感激は非常に強くても、しばらく日がたつと、とかく消え去りやすいものですから――。以上はなはだ不十分ではありましたが、わたくし自身が心に受け止めたところの一端を申し述べて、後日あなた方の回想の一端にもと思った次第です。

＊人間の幸せは、必ずしも物の多少だけでは決まらぬということです。そこで幸福になる三か条を申しますと、⑴足るを知ること　⑵絶対に自分を他と比べないこと　⑶自分の現状に対して感謝すること。

＊いかにささやかなことでもいい。とにかく人間は他人のために尽くすことによって、初めて自他共に幸せとなる。これだけは確かです。

＊女性として最終の理想は、その子がいかに優れた人物となろうとも、終生その母を敬うような母親になるということ。今一つは、嫁から感心されるような姑となることだといえましょう。しかも、多くの場合この二つは、二つでなくして一つであるといえるようです。

# 24　大自然の営み

栂《つが》の木の木立出づればとみに明かし山をこぞりてただに岩むら　赤　彦

これは赤彦の写生歌のうちでは、一つのグループをなしている歌といってよく、つまり信州の山嶽に取材した写生歌としては出色なものの一つといってよいでしょう。このうちでは、やはり「とみに明かし」という一句がよく利いていると思うのです。つまり栂の密林をようやく抜けると、そこには一面の岩山に陽光がさんさんとして照っているというのでしょう。ですからここにも一瞬を境とする、闇から光への転換が捉《とら》えられているともいえましょう。

最近急に寒くなりまして、この教室でも窓の硝子《ガラス》戸がほとんど閉め通しになっていますから、つい気づかずにいましたが、先ほどもここからちょっと外をのぞいてみますと、いつの間にやらもう窓の外には早咲きの山茶花《さざんか》が咲き盛っていますし、またその側には遅咲きの白山茶花の蕾《つぼみ》も、もうすっかりふくらんで、今にも開こうとしています。わたくしはこの様子を見ると同時に、一種言い知れぬ深い感慨に打たれたのであります。

と申しますのも、わたくしたち人間の間には怠けるということがありますが、天地自然としての天然の営みには、いささかの怠《おこた》りもないということであります。すなわちわれわれ人間の眼には、あるいは映らない時があるとしても、天然の営みは、こうしてわたくしたちがお話をしている間にも、黙々として行われているのであります。

さらにまたこのことは、先ほども農業の塚本先生が、鉢植えの菊の跡片付けをしておられるところを側から拝見して感じたことですが、それというのもその根方には、もう翌年の菊の芽が、いつとはなしに兆しているということです。すなわち今年の花の盛りが終わりますと、もうそこには早くも翌年への準備が始まっているということです。

わたくしたちはとかく人間界のことばかりに心を奪われて、天地大自然の営みが、いかに用意深く不断に行われつつあるかということを、平素は一向に気づかないのでありま す。しかしながら時折ごく稀《まれ》ではありますが、ただ今申したような場合に出逢いますと、今さらのように、大自然の営みの偉大さに驚かされるのであります。

実際ただ今の山茶花にしろ菊にしろ、否《いな》かくいうわたくしたち自身さえ、そのいずれもが大自然の所産であり、天然の営みの現れでないものはないはずです。それゆえわたくしどもは、ただ山茶花や菊における天然の営みだけに心を向けていないで、かくいうわたくしたち自身が、それらにも勝って大いなる生命を享《う》けて生まれ出ていることを、改めて反省しなくてはならぬと思うのであります。

ではいずれもひとしく天地の大生命を享けて生まれ出てながら、わたくしたちと、あの山茶花や菊とは、そこにいかなる相違があるのでしょうか。思うにそれは、結局心の問題というほかないでしょう。すなわち山茶花や菊には心というものがないのに、われわれ人間には、心の働きというものが、生まれながらにして与えられているということであります。もちろん哲学的に申せば、動植物にも、それぞれ極微な程度の心があると、言っていえないこともないでしょう。しかし仮に、そうした種類の心があったとしましても、これをわたくしども人間の心に比べれば、結局有るとはいっても無きに等しい程度のものでありましょう。かくしてわたくしたち人間が植物と異なるゆえんは、結局は心の有無、さらには精神の有無というべきでありましょう。

ところがこのように考えてまいりますと、ここに一つの問題が出てくるのでありま す。それは植物はわれわれ人間のように心が無いにもかかわらず、年中天然の営みを中絶する時はないのに、心を持っているわれわれ人間のほうが、かえって努める時と怠る時、張る時と弛《ゆる》む時とがあるのは、そもそもいかなるわけでしょうか。これをお互いに深く考えてみなければならぬことではないでしょうか。

心を持ったわれわれ人間に、かえって弛み怠る時があるということは、ちょっと考えますと、いかにも不合理なことのようですが、事実は必ずしもそうとは言えないともいえましょう。それというのも、そもそも人間の心というものは、一方からは一心よく天地の心にも通じ、さらには神仏の心にすら通うとも言えるとも申しますが、同時に一歩を誤れば、心は実に曲者《くせもの》であり魔物であって、常にあらぬほうへとさ迷いやすいのであります。

これに反して山茶花や菊などというものは、自己に与えられた物以外の欲を持たないのであります。例えば山茶花は、その植えられた場所が気に入らないからといって、あちこちと新たな場所を求めて動き回るということはありません。また菊は、自分に与えられた肥料が不十分だといって、決して自ら養分を探し求めて、その辺をほっつき回るということはないでしょう。これ植物が時来たれば必ず花を開き、時来たれば必ず実を結ぶゆえんであります。

すなわち意識を持たない無心の植物は、無心なるがゆえに、かえって分不相応の望みも抱かなければ、また人の思惑によって、自己のなすべき営みを怠るということもないのであります。かくして深山《みやま》の桜は訪《おとな》う人もなきに、時来たれば必ず花を開くわけで、人の見る見ないということによって、自己の営みに弛張勤惰《しちょうきんだ》はないのであります。

しかるにわたくしたち人間は、なまじいに心の働きがあるために、とかく人のことが気になったり、外の物に眼が散りやすいのであります。そしてその結果、自然とわがなすべき務めをも怠ることになるわけであります。

しからば大自然は、なぜわたくしたち人間に、かような心の働きを授けられたのでしょうか。もしわれわれ人間に心の働きのあることが、ただわれわれを迷わし怠らせるだけでしたら、おそらく神はかようなものを授けられはしなかったに相違ないでしょう。では、わたくしども人間の心の真のあるべき相は、一体いかなるものというべきでしょうか。それはただ自己のなすべき営みを、かの動植物におけるように、ただ無意識に、いわば機械的に営むばかりでなく、自己のなすべきことを意識的に自覚して、その深い意味を知りつつ履み行わんがためでありましょう。

なるほど動植物に迷いはありません。これ動植物に勤惰なきゆえんであります。しかしながら、同時にまたそれは、自覚から出るものではありませんから、あの菊は近頃非常に勉強しだしたというようなこともないわけです。今年はこの庭の菊の出来がよかったといいましても、それは菊自身の努力によるものではなくて、実に菊作りである人間自身の努力によるものであります。すなわちその行き届いた手入れの結果に過ぎないわけであります。

かくして植物の出来映えのよしあしは、畢竟《ひっきょう》それに対して尽くす人間の心の弛張、浅深の現れにほかならないのであります。かように考えてまいりますと、わたくしどもは、ここに人間としての生を享け、心を与えられたことに対しては、何物にもまして深く感謝しなければならぬと思うのであります。同時にまたそのことの意味をよく考えて、心をその正しさにおいて生かさなければならないでしょう。

神はわれわれ人間を、迷わせんがために心を授け給うたのではなく、動植物には見られない自覚の光に照らして自らの道を知り、日々の務めを営ましめんがためでありましょう。心の働きを与えられたということは、すなわちまた自由を与えられたということでもあり、自由を与えられたということは、またそれに対する責任を負わされたものといわねばならぬでしょう。

動植物の営みは、なまじいに意識がないだけに、少なくとも型としては、ともすれば怠りがちなわれわれ人間にとっては、かえって大なる教訓となるともいえましょう。

かくしてわたくしどもは、静かに天地大自然の営みを観ずる時、そこに秘められている神の御旨を汲《く》むことができるともいえるでありましょう。

＊一生を真に充実して生きる道は、結局今日という一日を、真に充実して生きる外ないでしょう。実際一日が一生の縮図です。

＊人間の知恵とは
(1)先の見通しがどれほど利くか
(2)又どれほど他人の気持ちの察しがつくか
(3)その上何事についても、どれほどバランスを心得ているかということでしょう。

# 25 結婚生活の厳しさ

夕ぐれの国のもなかにいやはての光のこれりわが立つ岩山　　赤彦

この歌は前にご紹介したのと一連をなしている一首ですが、前のが闇から光への瞬転に、その焦点をおいていたのに対して、このほうは、かくして光の中へ出た後を詠《よ》んだものですが、しかしその光は、もはや真昼の陽光ではなくて、夕陽であり、晩照であり、さらには残照といってもよいでしょう。同時にこうした寂光のもつ寂寥《せきりょう》相は、赤彦の独壇場といってよいでしょう。

現在若い女性の方々には、どうも結婚というものに対する考え方が、一般に不十分なように思われます。と申しますのも結婚といえば、とかく華やかな春の野に蝶の舞うように考えやすいようであります。しかるに現実の結婚生活というものは、決してそのような華やかなものでないどころか、実に人間生活のうちでも最も厳粛なものといってよいでしょう。

実際現実の結婚生活というものは、いわゆる浮わついたような考えでは、とうてい乗り切ることのできないほどの厳しい道だからであります。あなた方は何よりもまずこのことを知らねばなりません。

では何ゆえ近頃の若い女性の方々は、結婚についてそのような甘い考えを持ちやすいのかと申しますと、そこには大体二つの原因があるかと思うのであります。すなわちその一つは映画のせいであり、もう一つは新聞雑誌のいわゆる恋愛小説のせいでありましょう。

元来小説というものは、わたくし自身も嫌いなほうではなく、また好き嫌いということを超えて、優れた小説は人を教育する上にずいぶん大きな力を持つとも思うのであります。がそれにもかかわらず、いわゆる興味本位の恋愛小説というものが、人々、特に若い人々に対して与えている影響については、憂慮の念の禁じ難いものがあるのであります。

さらに映画にいたっては、この傾向はさらに一層はなはだしいともいえましょう。すなわちそれは具象的感覚的であるだけに、その与える影響は、いっそう深刻なものがあるわけであります。実際近頃の若い女の人たちの髪の結い方一つを見ましても、そこには外国映画から受ける影響は、けだし甚大なるものがあるといえましょう。

現在未婚の若い女の方々、特にあなた方のように、未だ学窓にある人たちが、結婚というものについて考える場合、その手掛りとし足場となる材料は、その多くが映画や恋愛小説からきているのが、おそらくはその大部分を占めるといってもよいでしょう。実際これはやむを得ないこととも思うのです。

すなわちそれはよいとは言えないにしても、現実の事実としては、無理からぬ点が多かろうと思うわけです。と申しますのも、そもそも結婚生活の内情というようなものは、誰も一々それを語り歩く者はないわけですから、勢い事実としては、恋愛小説とか映画などで見聞きしたことが材料となるほかないわけで、むしろそれは当然ともいえましょう。

もっとも兄弟、特に姉などが他へ嫁ぎでもしている人は、結婚が現実にはいかなるものかというようなことも、多少は分かるともいえましょう。しかしそれすらも、あなた方のような年頃では、とかく表面の華やかなところばかりが眼について、実際に心を悩ましている事柄などは、たやすくは分かりにくいのが常というものでしょう。なるほど時には、たまさかの里帰りの際などに、多少は洩らすような場合もありましょうが、しかしそれにしても、それを聞くのはまず母親であり、したがってあなた方のような学生の身分にある人は、多くは知らずに過ごしてしまうことでしょう。否、母親に対してさえ、本当のことは、なかなか打ち明けない方が多いといってよいでしょう。それというのも、結局親に心配をかけたくないからです。

未婚の人々には、結婚生活は結局その華やかな一面しか分からず、その内面の厳粛な一面には、容易に想いいたらないのが常であります。それは前にも申すように、未婚の人々がその結婚観を形づくるところの主なる材料が、結局は通俗小説とか映画くらいによる以外に、その途《みち》がないからであります。ところが通俗小説の通俗小説たるゆえんは、人生の見方が表面的皮相的であって、そこには真の深さがないということです。いわんや映画においてをやであります。それゆえたとえば悲劇を描いても、いたずらに誇張をこれ事として、現実のもつ厳粛さの趣に乏しいのであります。

そもそも結婚がいかに厳しいものであるかということは、たとえば結婚後、婚家先の親しい親戚との交際上の一言一行も、時として重大な結果を招く場合が、ないとはいえないことでも分かりましょう。

たとえば暮のお歳暮一つ贈るにしても、そのわずかの額の相違が、随分ご主人の気持ちを傷つけることもありましょう。あるいはまた先方からいただいた品に対するうっかりした一言が、随分一家の人々の感情を損なう場合もないとはいえないでしょう。あるいはさらに直接先方の人をもてなす態度が、時あっては両家の間に深い溝をつくるような場合も無いとはいえないでしょう。このように、婚家先の親戚との交際一つをとってみてさえ、現実の結婚生活というものが、いかに容易なものでないかということがお分かりでしょう。

かように現実の結婚生活というものは、いわば身動きもできないほどに、四方八方につながる対人関係の真っただ中へ飛び込むようなものであります。しかもその複雑微妙な対人関係は、結婚するまで全然知らなかったものであります。ですから、人間がよほどしっかりしていないと、結婚後いろいろなへまをしでかすわけであります。しかも一度しでかしたへまは、生家におけるしくじりとは違って、容易に消え難いのであります。

しかるに結婚とは、日曜になれば夫とともに百貨店へでも行くことだの、または一緒に映画でも観に行って、その帰りに食事でもすることでもあるかに考えているとしたら、その間いかに多くのつまずきや衝突が起こるかは、まったく想像に余りあることであります。

結婚というものが、いかに難しいものかということは、あなた方のうち、兄夫婦が同居しておられるところでは、多少はその見当がつくことでしょう。一家のうちには、外へは知れないけれど、いかに多くの問題があるものかということも、もうあなた方くらいの年頃になれば、多少は分かるはずであります。そこであなた方としては兄嫁さんの立場を深い同情の心をもって推察し、自分もやがてはあのような立場に立たねばならぬと思った時、はじめて実際に近い結婚の趣が分かるといってもよいでしょう。
しかしそれすらも結局は、世間知らずの娘さんの推察という域を脱し切らないところがありましょう。いわんや小姑《こじゅうと》としての立場から、ただ批評的にあら探しの眼で眺めていたのでは、決して真の様子などの分かるものではありません。

かくして現実の結婚は、この人間界のうちでも、最も複雑かつ微妙な対人関係といってよく、しかもそれがこれまで全然知らなかった未知のひとり対ひとりの対人関係であって、それは言わば蜘蛛の巣の張りめぐられている真っただ中へ、素っ裸で飛び込むようなものであります。かく考えてきますと、結婚生活というものが、人生においていかに重大な意味をもち、またいかに厳しいものかということが、多少はお分かりになったかと思うのであります。

# 26 女性と経済

われわれは男性のねうちと女性のねうちとでは、その標準がよほど違うんではないかと思うのです。ところが今日わが国の教育では、この点が割合にハッキリしていないで、女子の教育にも男子の教育と大同小異の態度であたっているところが、少なくないように思うのであります。

そこであなた方は、何よりもまず女性のねうちは、男性のそれとは、その標準が違うということを知らねばならぬでしょう。すなわちそれは男性のように、一つの事に専門的に通じるということではなくて、端的に申せば家事が巧みであるということが最も大切なことともいえますでしょう。

たとえばきれい好きで掃除整頓が上手な上に、料理が巧《うま》い。それに子どもの躾《しつ》けがよく行き届いている。そして最後に経済の始末がよい。大よそこのような平凡といえば至極平凡な事柄の上に、女性の賢さとそのねうちの標準があると申してよいでしょう。そこでもしこれらの事柄に手抜かりがあるとしたら、たとえ他の方面では、いかに優れた点があったとしても、女性としてはあまり芳《かんば》しいとはいえないのであります。

さてそれらの中でも経済の締まりがよいということは、また違った意味で最も大切な事柄と思うのであります。どんなに他の方面が優れていましても、経済の締まりが悪くて、いつも月末になると困ったり、また不時の出来事が起こると慌《あわ》てふためくとかいうようでは、女性としてはまったく零点というほかないでしょう。仮に学校時代に一番であったという人でも、一旦家を持ってから経済が下手とあっては、女性としてはまったく落第というほかないでしょう。

あなた方はご存じないでしょうが、高利貸というものは、決して自ら高利貸と名乗るものではありません。そうではなくてみな「信用金融」とか「信用貸金」とかいうふうに、体裁のよい名前を掲げているのです。しかしこの「信用」という二字が実は曲者《くせもの》であって、この信用の二字こそ高利貸たる何よりの証拠というわけです。

というのも、親戚とか知友とか特別の場合を別にしては、普通他人から金の融通をうける場合は、必ず担保とか抵当とかいうものが要るわけです。つまり借金とほぼ同額のねうちのある土地とか株券などを相手に預けて、それと引き換えに初めて金が借りられるわけであります。

しかるにそれが要らぬというのが、つまり高利貸であって、そこがまた彼等のつけ込むところなのです。それゆえ「信用金融」というように、とかく信用という二字がついていたら、絶対に例外なく「高利貸」と断じて、それこそ千に一つも間違いはありません。このことはくどいようですが、一度高利貸に引っ掛かったら、人間生涯浮かびようはありませんから、特に申しておく次第です。

あなた方のような女の方でありながら、万一高利貸に引っ掛かったとしたら、それこそ実に言語道断の沙汰で絶対に浮かびようはありません。ですからそれだけに平素経済に注意して、たとえいかなることが起ころうとも、夫をして高利貸のわなにかからせないだけの用意が必要でありましょう。すなわち常に貯蓄のゆとりがあって、いかなることが起こっても、うろたえないだけの準備をしておかねばなりません。あるいはさらに山内一豊の妻のように、万一の場合の蓄えを、夫にも知らさずに用意して置くほどの深い心掛けが必要でありましょう。

実際妻の経済のふしだらは、世間的に夫の面目を丸つぶれにするものです。夫としてこれほど頼りなく不安なことはないのです。同時にまた妻としてこれほど夫に対して申しわけのないことはわけであります。

では経済について、いかに注意したらよいかと申しますと、まず第一には必ず家計簿をつけるということでしょう。これは一家の大事たる家計を任されている責任上、主婦としては当然なすべき義務であります。

しかるに世間を見ますと、家計簿をつけない主婦が案外少なくないようであります。しかし家計簿一つつけないようでは、まったく主婦としての資格はありますまい。入り放題、出放題に使って、その上残りがあったら貯金でもしようという程度の甘い考えでは、とうていこのせち辛い世間を渡れようはずはありません。

そこで一家の主婦たる者は、結婚のその日から必ずまず一か月否一年の予算を立てて、それから月々の予算を割り出すべきでしょう。そして日々の出納《すいとう》の跡を詳細に記録して、どうして予算通りにいかないかを確かめなければなりません。

わたくしがただ今一か月と言っておきながら、さらに一年と言い直したのは、真の家計というものは、少なくとも一年を見通した上でなければ、立たないものだからであります。と申しますのも、最初から一年と見ないことには、そこにいろいろな不時の出費を見過ごしやすいからであります。

たとえば中元、歳暮の贈答とか、あるいは親戚知友の吉凶の際の贈答、さらにはまた家族の病気や保険金などというように、単に一か月単位だけでは、ともすると逸しやすい多くの事柄のあることが分かりましょう。

若い主婦のうちには「こんな不意の出費さえなければ、困らないのだけれど」などという迂闊《うかつ》なことを平気で言う人もありますが、一年を通観してみれば、不時の出費が、いわゆる不時の出費でないことが分かるはずであります。

以上は主として家計について、単に一か月単位では不十分であって、やはり最低一年を単位とするでなくてはいけない、ということを申したわけですが、しかし真の家計というものは、実は一か年単位でも、まだ不十分というべきでしょう。すなわち少なくとも三年、否本当を申せば十年、否もっと根本的には、結局一生の見通しをつけた上でなければ、真の家計とはいえないのであります。

と申しますのも、普通の家でお金に困るのは、病気という不時の出来事を除けば、まず子女の教育費及び結婚費などでしょう。そのうち病気だけは予見できませんが、子女の教育費や結婚費というものは、十年否二十年も前から、大体の予見はできる事柄であります。

しかるにそれを見通すことなく、その日暮らしの行き当たりばったりでやっておきながら、いざその時になってから、やれ「教育費が嵩《かさ》んで困る」だの、やれ「娘を嫁入りさせるのに困る」などというのは、結局主婦たるものの不明、かつ無責任のいたすところというほかないでしょう。

実際女性は少なくとも家計に関する限り、男子以上に見通しの明が利かなくてはならぬのであります。昔の婦人はいわゆる今風の学校教育は受けなかったけれど、一家の経済の見通しという点では、はるかに聡明な人が多かったように思います。しかるに今日では教育が、特に女子教育が実を離れて、一生の見通しをつける婦人などというものは、ほとんど無くなってしまったようで、まことに遺憾な次第であります。

次に実際上の注意としては、まず第一に不用の品は、たとえねうちとは思っても買わぬということです。総じて買い留めということは、不経済のもとであります。それというのも、品物というものは、一時に沢山買っておきますと、とかく粗末にしやすいものだからであります。そのうえ一時に買うということは、家計のバランスを破りますから、そこで沢山買ったら多少は安くつくという場合でも、なるべくそういうことをしないほうが、結局は賢明というものでしょう。

次にはたとえ入用と思われる品でも、すぐにその場では買わないで、しばらくその場を離れて考え直してから買うようにし、さらにもう少し金目の品でしたら、その日は買わずに一旦家へ帰ってよく考えた上で、どうしても必要とあれば、もう一度出かけて行って買うということです。とかく人間というものは、その場その場での思いつきで買いますと、どうしてもムダな品を求めることになるからです。特にこの点は、あなた方のように女の人に多い弊であります。

以上くだくだしいことを申しながら、なお要を得ぬきらいがありますが、実際この経済の引き締まりということは、女性の真価の土台をなすものでありますから、あなた方は今日からその心掛けを固める必要がありましょう。それにはまず自分の現在の小遣いを、将来の家計の縮図と考えて、それによって、将来一家の主婦となった際、家計の練習をされるがよいでしょう。

それにはさしあたってまず小遣い帳を正確につけることが大切です。つまり将来主婦となってからの家計簿の予備練習と考えて、真剣に取りくんで小遣い帳を正確につけてみることです。実際「女性の真の引き締まりは、まず家計の引き締まりから」と申してよいでしょう。

# 27 礼について

天の原日は傾きぬ眼のまへにただ平なる偃《はひ》松の原　　赤彦

これも赤彦の歌の中にはよく見られる高山の情景の一面ですが、しかしこうした情景の表現となると、まさに赤彦の独壇場という感がいたします。ここでは、第二句の「日は傾きぬ」というのと、第四句の「ただ平なる」との対照の妙が、さすがに老手たることを思わせます。もし上の「日は傾きぬ」がなかったとしたら、「ただ平なる偃松の原」といっても、真の実感は浮かんで来ないでしょう。

この間わたくしは、泉北郡のあるところで開かれた研究会へまいりましたが、会の果てた後で、しばらく校長先生のお話を伺っていたところ、何かの拍子にある人が「どうも近頃の女子師範の卒業生は、無作法で困る」というようなことを言われたのです。

するとと「自分のところでもそうである」「いやわたくしの学校でも同様です」といった調子で、あちらからもこちらからもと、同様の話がありました。ではそれに対してわたくしは、驚いたかと申しますと、無論一面からは驚かないわけでもありませんが、しかし心の底では、それほど驚かなかったのであります。つまりそれは、わたくしがかねてひそかに憂えていた事柄が、たまたま現実となって現れたにすぎないからであります。

と申しますのもわたくしは、この学校において一番よくない点は何かといえば、それは礼がお粗末だと、かねてから考えていたからであります。この点わたくしは、あるいは他の先生方よりも、いっそう強く感じているかもしれません。もちろん他の先生方も、あなた方の礼に対して、そのお粗末さ加減をお感じにならない方はないでしょう。しかし他の先生方は、平素あなた方だけしかご覧にならないために、多少は馴れっこになっておられるかとも思うのです。ところがご承知のように、わたくしは、毎週こちらと天王寺師範とへ、それぞれ三日ずつまいっているものですから、その辺の相違が、実にハッキリとよく分かるわけであります。

一体あなた方は、天師の生徒とあなた方と、どちらが礼が正しいと思っていますか(とおっしゃって、お尋ねになる)。今もあなた方が手を挙げられたように、はなはだ申しにくいことながら、天師の生徒のほうがはるかに礼儀が正しいのです。変な申し方ですが、仮に点数で申せば、天師の生徒のを甲とすれば、あなた方のは乙はもちろん、うっかりすると丙までも行きかねるかと思うほどです。

あなた方は今の挙手によって、自分たちのほうが礼が粗末だということは自認しておられるようですが、男女いずれにしても礼の正しいことの望ましいのは申すまでもないことながら、どちらが特に礼を慎《つつし》まねばならぬでしょうか。もちろんこれは、今さらお尋ねするまでもないでしょう。してみると今あなた方の上には、一つの大きな矛盾があるわけです。

本来から申せば、女性としてのあなた方の礼は、男子たる天師の生徒よりも正しくなければならぬわけです。しかるに現実のあなた方の礼は、それよりはるかに劣っているというこの矛盾に対して、あなた方は一体いかに考えておられるのでしょうか。思うにあなた方は、この大きな矛盾に対しても、平素案外無頓着でいるのではないでしょうか。同時にわたくしとしては、ここにあなた方の根本問題が潜んでいると思うのであります。

およそ女性として最も恥ずべきことが、わたくしには二つあるかと思われます。そしてその一つは、今さら申すまでもなく、貞操観念が薄いということであり、今一つはこの無作法ということでありましょう。そのうち貞操観念が薄いなどということは、これは普通の人では、問題とすべからざる事柄であります。すなわちいやしくも女性である以上、かような事柄でとやかく言われるべきではないのであります。してみると、結局無作法ということこそ、女性として最も恥ずべき事柄と言わねばなりますまい。すなわち女性として無作法だと言われることは、これほど恥ずかしいことはないはずです。

わたくしの思いますのに、本校はまず根本のこの礼の問題から改めてかからぬ限り、真の学校とはいえないのではないかと思うのです。第一現在の状態では下級生でありながら、上級生に対し礼をしない者が少なくないのでありまます。否そのほうが多いといってよいでしょう。またそれに対して上級生の答礼が、ほとんどなっていないのであります。否、事は単にそれだけには留まりません。生徒の先生に対する礼さえも、まるでくらげのようにふわっとしたもので、相手の心に触れる精神の真実性というようなものは、ほとんど見られないのであります。ですから少し離れていれば、礼をしない人さえ少なくない有り様です。

この点天師の生徒が三、四丁も先で、相手の顔さえ確かに分からぬ辺りからでも、礼を欠く者のないのとは、まさに天地の違いというべきでしょう。

もっともこの点については、形の上に現れているほどに両校の差がはなはだしいとは思いません。と申しますのも、一般に男子の学校は女子の学校と比べて礼が正しいといってよく、この点はおそらく、全国を通じていえることではないかと思います。

それというのも、つまり男子の学校では、生徒間に無形の規律ともいうべきものがありますから、下級生は上級生に対して礼を欠く者がないわけです。

ところが女子の学校では、かようなことがありませんから、したがって生徒間の礼が十分に行われないのが、むしろ普通といってもよい有り様であります。同時にこの学校で、生徒間の礼が粗末だということは、そのまま又生徒の先生に対する礼の上にも反映するわけであります。ですから男子の学校のほうが礼が正しいからといって、それがどこまで内面的に行われているかということは分かりません。そしてそれは、おそらく下級生に対する上級生の答礼の仕方のいかんによって、ほぼうかがいうることでありましょう。

しかるに最近わたくしが、この礼について余りやかましく申さなくなったのは、畢竟《ひっきょう》するにその基づくところの深さをよく知り出したからであります。それというのも礼というものは、もともと学校全体の雰囲気が正しくない限り、決して改まるものではないからであります。ところが全校の礼を正しく立て直すということは、決して容易でないことを思うのであります。

それゆえわたくしも以前は、ちょいちょいと礼のことを申したものですが、近頃はよくないこととは知りつつも、ついあきらめて投げ出した形でいましたところ、先ほども申したように、卒業生の無作法な話を外から聞かされますと、効果の有無は別として、せめて自分の担任している人たちだけなりと、やはり申しておかねばならぬという気持ちに立ちかえった次第です。

女性として礼のたしなみのないのは、教師としては言うまでもないことですが、そもそも女性としても屑《くず》の部に属するというべきでしょう。実際女性としての真価は、ある意味ではその人のたしなみいかんによって決まると申してもよいでしょう。あなた方も近く四年生として学校の中堅になるのですから、ひとり自分たちのためのみならず学校全体のために、全校の礼を正しくするよう、特に骨折っていただきたいと思います。実際本校もいつまでも現在のような状態では、教育の道場としての真の学校とはいえないでしょう。

なおついでに申しますが、あなた方は現在生徒として、先生方に礼するのはもとよりですが、ひとりそれだけに留まらず、さらには守衛の方とか用務員の方などに対しても、礼を怠らぬだけのたしなみが必要だと思うのです。

と申しますのも、先方は男性であり、その上年長者ですから、これらの人にも進んで会釈するというような心掛けがなくては、真にゆかしい女性とはいえないでしょう。ところが現の学校教育では、ともすればこうした方面のたしなみが、なおざりになりやすいのであります。

先方が用務員の職にあるからとて、生徒、特に女生徒としてのあなた方が、平気で会釈もせずにその前を通り過ぎるなどというようでは、どうして将来人様の大切な子どもさん方を教えることができましょう。ほとんど親子ほども年令の違っている男性に対して、たとえ相手が用務員や守衛の勤めをしている人とはいえ、その面前を若いあなた方が、会釈一つしないで通り過ぎて平気でいるという有り様では、どこに「教育の道場」という意味があるでしょう。これらの点については、今後あなた方の深く反省されることを望んでやみません。

# 28 気品と働き

時雨《しぐれ》ふる昼は囲炉裏《いろり》に灯を焚きぬこの寂しさを心親しむ　赤彦

この歌も、前の時間にご紹介申したのと、ほぼ同類型のものといってよく、いわゆる赤彦的な「日常吟」の一つといえましょう。場所もやはり、おそらくはわが家と見てよいでしょう。歌としては佳品というほどではないと思いますが、それでいてどこか捨て難い感じがするのは、やはり今申すように、赤彦の肌合いにあったしっくりしたものがあるからでしょう。

人間として気品の大切なことは、今さら改めて申すまでもないことであります。すなわち気品とは、いわばその人の人柄のゆかしさから出る一種の香りとでも申すべきもので、実際気品とは人格の精髄そのものといってもよいでしょう。特にあなた方のような女性としては、気品ということは最も大切な点だといえましょう。

実際気品すなわち人柄のゆかしさがなくては、女性としての取り柄はないともいえましょう。しかしながら、いま一家の主婦として、また妻として、ないし母としては、この気品の他に今一つの大切な要素がいると思うのでありまして、それは何かといえば、実際上の働きをいうのであります。すなわち一家の主婦たる以上は、家庭におけるいろいろな家事上の仕事が、常にテキパキとさばけていくことが大切であります。

そこでいま理想の女性というものを、最も簡単に申せば、結局この「気品」と「働き」とが一つになった人といってもよいでしょう。すなわちこの二つの要素が、渾然《こんぜん》として一人の女性の上に兼ね備わって、真に融合調和を得ているならば、一応はまず理想の女性といってよいでしょう。

しかるにこの気品と働きというものは、ある意味では相当その性質が違っているともいえましょう。したがってこの二つの要素が現実において一人格の上に完全に一致するということは、必ずしも容易なことでないともいえましょう。

そのうち気品というほうは、これを天地で申せば天に比すべきものともいえましょう。すなわちそれは高くして澄んだものであります。ところが働きというほうは、いわば地に属するものであります。地は低くして濁ったもの、すなわち暗いところがあるわけです。

そこで気品のある人は、いずれかといえば体のつくりなども細くて、華奢《きゃしゃ》な人が多いようであります。したがって骨の折れることなどをすると、とかく疲れやすく、そのために仕事も、ともすればテキパキといかない傾きがあるようです。

もちろんこれは一般的にいうことであって、現実としては細くても品のよくない女性もあり、また太っているからとて、必ずしも気品がないともいえないでしょう。しかし一般的に申せば、気品があるといわれるような人は、いずれかといえば、体が華奢で、お手伝いさんでもいないと、つい家事がさばけないというふうにもなりがちであります。

これに反して働きのある人は、必ずしも太っているとは限りませんが、どこか体ががっしりとしていて仮に痩《や》せ型の人でありましても、どこか身体に芯《しん》の強さがあって、テキパキと仕事がよくさばけて行く上に、どこかゆかしい気品の香りがあったとしたら、まずは申し分がないといってよいでしょう。このようなことを望むのは、贅沢といえばたしかに贅沢ともいえましょう。しかし少なくとも女性の立場としては、やはりこのように気品と働きという二つの要素が、一人の人格の中に備わっていることが望ましいといえるわけであります。

さてこの気品と働きという二つの要素は、先にも申したように、一面からは生まれつきというべきところがあり、さらには体質に基づくとさえ、いってもいえないこともないほどです。

したがって今これら二つの要素を、一身の上に兼ね備えるためには、単に生まれつきに任せておいただけでは、とうていできることではありません。古人は「学問とは気質を変える」ところまで行かなければならぬといい、気質の変わるところまで行かないかぎり、真に学問をしたものとは言い得ないとしています。

したがって真の学問というものは、単に頭で覚えるだけではなくて、心にこれを思って忘れず、常にこれを行うことであります。否ひとりそれのみに留まらず、常にこれを行うことによって、ついには生まれつきの生地や性根までも、これを根こそぎ改変するところまでゆくようでなければ、真に学問をしたとはいえないでありましょう。

わたくしは気品と働きというこの二つの要素は、ある程度まで生まれつきによるものであり、さらには体質に基づくところさえあると申しましたが、しかしそれは一面の見方でありまして、真の気品というものは、決して単なる生まれつきだけから出るものではなく、それはやはり長い年月にわたる、その人の修養によって磨き出されたものでないと、真の味わいはないのであります。

同様にまた働きということも、ただ無茶苦茶な力働きというだけでは、真の働きとはいえないでしょう。真の働きといわれるためには、どうしてもそこに頭の働き、さらには心遣いというものが加わらねばならぬでしょう。

あなた方も、静かに胸に手をおいて考えてご覧なさい。本校在学五年間、毎学期一回ずつ、つごう十五回ほどの試験を受けるわけですが、しかし試験といっても、結局は試験前の十日か一週間、はなはだしきは試験の前の晩くらいに暗記してその場を通る程度では、なるほど一応その場だけは通れたとしても、二、三週間も経てば、もはやその大部分は忘れてしまうという有り様でしょう。もしこのようなことを五年間繰り返しただけで、人間が真に磨かれるものなら、人生といっても実際おめでたいことであります。実際そういうことでは、幾年学校に学びましても、人間としては結局元の木阿弥というわけです。すなわち外側から多少の知識技能が付け加わったという程度で、肝心の人間そのものには何の変わりもないわけです。

かくして真の学問というものは、どうしても人間の生地の性根というか気質に対して、根本的な改造が行われなければならぬわけであります。すなわちこのような人生の根本問題に対して、徐々にメスを入れていってこそ、初めて真の学問修養というべきだと思うのです。

さて元へもどって、気品と働きとを一身に兼ね備えるということは、言うはたやすいことですが、実際には決して容易なことではないでしょう。と申しますのも、お互い人間は、生地のままでは、とかくどちらかへ片寄りやすいからであります。そしてそれは、その人の体質への根ざしがあるとさえいえるようであります。

この体質に根ざすということは、人間の根性というものが、いかに深くわたくしたちに根ざしているかを語るものでありまして、かように体質に根ざすものを改めるということは、実に容易ならざる努力を要するわけであります。すなわちそこには、ある意味では体質の根本改善を要するとさえいえるからであります。単に精神だけのことなら、心の一念を翻《ひるがえ》しさえすれば、それで済むともいえましょうが、体質に根ざす性根気質の根本的改善となりますと、実に長年の努力を要するわけであります。

このように、わたくしたちは、常にこの自分というものを、形づくり磨き出していかねばならぬのであります。お互いにウッカリすると、自分というものは、すでにできあがったもののように考えがちですが、実はこの自己というものは、刻々に形成されつつあるものであります。

すなわちわたくしたちの生活は、一日一日がそのまま自己形成であり、さらには一呼吸から一挙手一投足までが、いわば彫刻師ののみのひと彫りひと彫りが、その彫刻を刻み出してゆくように、わたくしたちはこの自分という一大彫刻を刻みつつあるともいえましょう。そこに仏が刻み出されるか、はたまた悪魔が刻み出されるかは、ひとえに彫刻師としてのわたくしたちの心一つにあるわけであります。実際恐ろしいといえば、世にこれほど恐ろしいことはないともいえましょう。

＊おしゃれとは、服装や化粧、それにアクセサリーや持ち物等の総合的な美的感覚の現れを言うわけですが、次の点に心掛けてはと思います。
⑴女性らしさを失わないこと。
⑵あまり流行の先端に走らないこと。
⑶虚栄心による見せびらかしでないこと。
⑷すべてがよく調和していること。
⑸その人らしさを失わないこと。等々、
結局は気品を失わないというのが根本の心構えでしょう。

# 29　あいさつ

そもそも挨拶《あいさつ》というものは、わずかな言葉のうちにも、よくその人の人柄を表すものであります。そこで人間の人柄は、ある意味ではほんの一口の挨拶からもうかがえるといえましょう。古人も「道は近きにあり」と言っているように、わたくしたちも、こうして手近かなところに、修養上の問題の存することを知らねばならぬともいえましょう。

もちろん挨拶というものは、いかなる場合でも大切であり、不用意な言葉があってはならぬことは、申すまでもありませんが、特に晴れがましい席上での挨拶にいたっては、慎重の上にも慎重を要して、ただの一語といえども、不注意不用意の言葉があってはならぬわけであります。

そこで将来教師として立とうとしているあなた方は、かような場合もかなりありうることを覚悟して、あらかじめその用意が必要だといえましょう。そしてその用意とは他でもありません。他の方が挨拶される場合にはよく注意して聞いていて、その一語一語の適否を、一々心のうちに聞き分けるのであります。

そして、もし自分があの席に立っていたとしたら、いかに挨拶すべきかということを、一語一語考えながら聞くということでしょう。お互い人間も、いい年をしながら、他人が挨拶するのを、ただぼんやりと聞き流している程度では、とうてい一人前の人間にはなれないといってもよいでしょう。

さて次には、吉凶慶弔《けいちょう》の際の挨拶でしょうが、このほうはあなた方としても、将来かなりしばしば出逢うといってよいでしょう。これは前の場合と違って、一面個人的なものではありますが、しかし他面やはり公というべきところもあるわけです。そこでよほど注意いたしませんと、随分意外な感じを先方に与えることにもなりましょう。これを一口に申せば、めでたい時にはめでたいように、また悲しい時には悲しいように、それぞれふさわしい挨拶をしなければならぬわけですが、実際にはそれがなかなか難しいのであります。

たとえばめでたい場合には不吉な言葉を忌み、また凶事の際には、先方に対して失礼な言葉の交らないよう、特に注意しなければ、人並みの人間とはいえないわけですが、しかしこれも実際となりますと、なかなか難しいわけで、平素からよほど深くその心構えをしておくことが大切でしょう。

これも前に申したように、平生他の方が挨拶される場合によく気をつけて聞き、どの方の挨拶が立派であるか、さらにはこの場合何という言葉が最もふさわしいか、あの一言はこれまで自分では、とうてい思いもよらなかった言葉であるとか等々、このように一々注意して聞くのです。

またこれに反して、あの言葉はあの方にしてはやや似合わないとか、自分も今まであのようなことを言い慣わしていたが、こうして傍から聞いてみると、あまり芳《かんば》しい言葉でもないから、今後は気をつけようとかいうふうに、良きにつけ悪しきにつけ、一語一語に心を配って、平素からよく聞いておくことが大切でしょう。

同時にこれこそ真に生きた学問というものであって、人生における真の学問は、いずれも皆このような深い心遣いによって学び得られるものであります。さらにまた、人間の真の偉さというようなことも、結局はこういう種類の生きた学問によってのみ、次第に磨き出されるものといえましょう。

この挨拶の種類は、これら吉凶以外にも、場合によっていろいろあることでしょうが、今はそれらの一々について申している暇もなく、また根本の心掛けとしては、大体以上申したことによってお分かりであろうと思います。

そこで最後に以上申しましたことと違って、今一つ大切な、しかも毎日出会う挨拶の注意を、申しておくことにいたしましょう。それは何かというに、他ならぬ朝晩の挨拶であります。

さてこの朝晩の挨拶について、特に申したいと思うことは、礼とともに必ず声に出して挨拶するということです。そもそも朝晩の挨拶というものは、必ず声に出して「お早うございます」とか、あるいは「お先に失礼いたします」とか、また場合によっては「さようなら」とか、とにかく朗らかに、しかもどこまでも敬意を失わないように、声に出して挨拶することが大切であります。

すでにこの間も申したように、本校では礼がはなはだおろそかであります。先日、岸和田市のある校長さんにお会いした際にも、またもや女の先生の不作法というお話がありました。しかしあなた方の組をはじめ、わたくしがこの間お話した組の人々は、あの日以来急に目立って礼がよくなったように思います。

しかもさらに一歩を進めて申せば、ただ今も申すように、礼と同時に「お早ようございます」とか、あるいはストーブ当番などで先にゆく場合などには「ちょっとお先へ失礼いたします」とかいう類の言葉があってほしいと思います。ただ黙って頭を下げただけでは、どうも親しみの情が湧きません。

これはあなた方のような女の人にとっては、格別に大事なことであります。特に将来卒業して、学校に奉職した場合にそうであります。女性の先生に対してはもちろん、男性の先生方に対しても、ただ頭を下げただけですと、うっかりすると「あの人いやにつんとしてすましている」という感じを与えることにもなりましょう。そこで必ず相手にふさわしく、それぞれの言葉を声に出して挨拶することが大切であります。

ところがこの声に出すということは、ちょっと考えますと、何でもないことのようですが、実際には必ずしもそう簡単にできることではありません。その難しさ加減は、やってみた人にしてはじめて分かることでしょう。

そこで卒業後といわず今日ただ今から、学校の先生方に対してはもちろんのこと、まず隣り近所の方々から、さらには用務員の人々にいたるまで、それぞれにふさわしい言葉を声に出して挨拶する稽古を始められるのがよいと思います。

# 30　敬意の念

わたくしは、平生はあまり用務員室へは入らぬようにしていますし、また用務員さん達とは、あまり話をしないように気をつけています。もちろんこれは、用務員の人々を軽んずるというような意味では毛頭なく、ただそれによって公私を乱す結果にならないように、との心遣いからであります。

用務員の人々をおろそかにしないという点では、自分から申すのも変ですが、わたくしとしてはまあ人後に落ちないつもりでありまして、この点あるいはあなた方にも分かっていただけるかと思うのであります。つまりわたくしは、自分より年長の人に対しては、相手の人の社会的な地位とか職業のいかんにかかわらず、とにかく人生の一先達としての敬意は、心中常に忘れないつもりでいるわけです。

　さてそれはそれとして、先日薬を飲むために、ちょっと用務員室へ入ったところ、その際図らずも一つの意外なことを耳にしたのであります。公私を乱さないという立て前からは、用務員さんの話した事柄を、こうして生徒としてのあなた方にお話しすることさえ、本来から申せば、差し控えるべきことでありましょう。現にこれまでわたくしは、あなた方に対して、かつてそのようなことをお話しした覚えはありません。

　しかしながら、今日わたくしが耳にした事柄は、実はわたくしが多年この学校について感じていた事柄を、意外な側面から、しかもハッキリと証明されたわけでありますので、以上の事情をご承知の上で、どうぞくれぐれも誤解のないように聞いていただきたいと思います。

　それでは、一体どういうことをわたくしが、用務員の人から聞いたかと申しますと、大体次のようなことであります。

　それは「どうもこの学校では、この十年ほど前から、生徒さんたちが年々無作法になっていかれる様子が、わたくしどもにはよく分かります。なるほど先生方の前では繕《つくろ》っておられるので、先生方はそれほどにはお気づきでないようですが、しかしわたくしどもの前ですと、生徒さん方は少しも遠慮なく振る舞われますので、その辺、見まいとしてもつい感じられるわけであります。わたくしどものようなものは、無学無教育な者ですから、一向よくは分かりませんが、しかし女の方は、やはりもう少し作法とかたしなみということが、学校としても大切ではないかと、身分柄にもなく時々思うのであります」。

用務員さんの話したことというのは、大体以上のような事柄であります。

わたくしはこれを聞きまして、全然意外だとか、またはまったく思いもよらぬことを聞かされたなどとは、少しも感じなかったのであります。それは先ほども申すように、大体の見当はついており、またこの学校で一番よくない点が、その点にあることは、この七、八年来ずっとひとり考えて来ていることですから、意外などとは少しも感じなかったのであります。それどころか、かねて自分ひとりが感じて、ひそかに歎《なげ》いていた事柄が、事実その通りであるばかりか、むしろそれ以上だということを、他の方面からも知らされてみますと、そこにはまたひとしおの感慨があったわけであります。

それはちょうど煤《すす》のついた手でウッカリ顔をさわって、自分でもかなり汚れているだろうとは思いながら、しかし鏡を見るまでは、まさかそれ程とも思わなかったのが、ひとたび鏡を見てみたら、われながらじっとしていられないほどの汚れだったというのと、ほぼ似たような感じがしたわけであります。

すなわちかねて考えていたこととは言いながら、外から、かようにハッキリと言われてみますと、そこには一種言い難い感じがして、とうとう思い切って、あなた方にもお話しすることにしたわけです。

わたくしたちが、人に対して敬意を払うという場合、大体三つの場合があるといってよいようです。第一は相手の人柄に対して、自ら敬意を払うという場合でありまして、それは何人にも容易にできることであります。

次にはその人の地位に対する敬意とでも申しましょうか、言いかえれば、その人の役目に対する敬意といってもよいでしょう。これは自分より多少とも上位にある人に対する場合であって、あなた方としては、四年、五年の人とか、二部一、二年の人々のように、上級の人々に対しては、一々の人柄に対して、それほど敬意を払っていなくても、上級生としての敬意は、やはり忘れてはなるまいと思うのです。

なおついでですが、この点は将来あなた方が卒業して、世の中へ出た場合にも必要な心掛けといってよいでしょう。すなわち同僚の先輩の人々などは、先方の人柄とか実力のいかんにかかわらず、一応先輩として敬意を忘れないように——というわけです。

最後にいま一つは、年長者に対する敬意ということです。すなわち相手の身分は、仮に自分より下位にあるとしても、とにかく自分より年上の人に対しては、それ相応の敬意を忘れないようにというわけです。

このうち第一の敬意は、誰でも自然にできることですから、結局人間のたしなみとしては、第二と第三、特に第三の場合において磨かれるといってよいでしょう。

そこで今あなた方が、生徒として先生方の前で慎《つつし》むということは、もとより当然のことですが、しかしあなた方としては、ひとり先生方の前を慎むだけでは足りないわけで、あなた方は、すでにそうした年頃になっていることを知らねばなりません。

と申すのも、あなた方が、用務員というような立場にいる人々から、このように見られているということは、つまりはあなた方が用務員の人々を、その地位のために多少見下して、年長者という面の敬意を忘れているからであろうと思います。つまりそうした心の弛《ゆる》みから、つい心の慎みを忘れて地金《じがね》が出るわけです。わたくしたち教師としての職責からは、用務員との間の区別を忘れてならぬことは、申すまでもないことですが、同時に年齢の上からは、用務員の人々に対しても、口にこそ出しませんが、やはり年長者としての敬意は忘れないようにと、心掛けているつもりです。かような事柄は、元来他人《ひと》に向かって申すべきことではありませんが、あなた方が今後態度を改められる上に、あるいは一つのご参考にもなるかとも思って、あえて申す次第です。

なるほど人間は、一面からはそれぞれ相手にしたがって、正しく応待すべきですが、同時にこの点は、相手によってわが心を左右されるのとは、大よそ違うのであります。相手によって、自分の根本態度までも変えて、それが気にならないということは、その人が人間としてできていない何よりの証拠です。人間はいかなる人に対しても、根本の心の引き締まりを弛めてはなりません。すなわち心の引き締まりは、先生に対する時も用務員さんに対する場合も、そこにはみじんの相違もあってはいけないのです。

そしてこうした根本の上に立って、先生は先生、用務員は用務員として、それぞれ適宜に対すべきでしょう。もしこの根本の点が分かりませんと、人間は幾つになっても、本物になる時は来ないといってもよいでしょう。

否、真の人生は、実にこの一点から出発するといってもよいでしょう。

しかしそれと申すのも、結局はわたくし自身の責任でありまして、わたくしがもう少し早くから、かような点に対して十分お話ししておいたら、あるいはかようなこともなくて済んだかもしれないと思うと、あなた方に対して実にお気の毒にも思うのであります。たとえ内輪とはいえ、用務員というような立場の人々に、あなた方の欠点を指摘されたということは、わたくしとしても、実際他人事《ひとごと》ならぬ思いがして、一種自責の感に堪えないものがある次第です。

# 31 お金の貸借

今日は少々感じることがありますので、少しお金の問題についてお話ししてみたいと思います。

そもそもお金というものは、いわば正宗の名刀のようなものでありまして、使いようによっては非常な威力を発揮するものですが、それだけにまたその取り扱いは、非常に注意を要するわけであります。そこで今日は一つお金の取り扱い、特に貸借に関する問題について、一、二申してみることにいたしましょう。

まず第一に原則としては、お金というものは「借りず、また貸さず」ということがよいと思うのです。そのうち他人からお金を借りないということは、家計の根本原則でありまして、今さら申すまでもないことでしょう。

実際の家計としては、この点が一番大切であって、すべてはこの覚悟と用意との上に築かれるわけでありますが、しかし今日はこの方面のことはしばらく預りとしておきましょう。そこで次には他人からお金を借りないばかりでなく、さらに原則としては、他人に金を貸さないということが、これまた非常に大切なことであります。

かように申すとあなた方は、いかにも冷酷な人間のように聞こえるかと思いますが、しかしあなた方もそのうち相当な年配になられたら、わたくしが今申している言葉の意味を、なるほどと思いあたられる時も来ようかと思います。

つまりこの場合貸さないということは、必ずしも全然貸すなというのではありませんが、同時に貸した以上は、必ず返るものと考えてはいけないということです。すなわちうっかりすると返らぬ場合があるというわけです。ですから、この点を十分覚悟しておきませんと、後で後悔しなくてはならぬ場合が少なくないというわけです。

その辺の腰のすわらぬ間は、たとえ相手の人から冷淡と思われようとも、むしろハッキリと断るほうがよいでしょう。とかく断りというものは、お互いに言いにくいものですから、ついズルズルになりがちなものですが、しかし人間断るべきは断平として断るということも、一つの大事な修養であります。どうもわたくしなども、この「断平として」という面が、とかく不得手なほうですが、それだけにこの方面の修養の必要を痛感しているのであります。

さて次には金を貸すよりも、もっと注意を要することは、人の借金の保証人として請判《うけはん》をしないということです。普通にはともすれば請判のほうは、借金などより軽いことのように考えられがちなようですが、それはとんでもない誤りで、事実はまさしく正反対といってよく、世に請判ほど恐ろしいものはないのです。世間的にも立派な人で、自分の贅沢などのためでなくて、お気の毒にも没落される場合の多くは、この請判のためと申してもよいほどです。

そもそも貸金ということは、仮に一文も返らない場合でも、もともと自分の蓄えの中から融通したわけですから、その打撃が、直ちに自分の生活を脅《おびや》かすという程にはならないのが普通です。ところが他人の借金の請判となりますと、多くの場合その金額は、はるかに自分の力を超え、したがってもし本人が払えない場合には、自分の全財産を投げ出しても、なお足りないという場合が世間には少なくないのであります。いわんやその場合、先方の貸主が高利貸しででもあった場合は、まったくどうにも手のつけようがないのであります。事実そのために、社会的に葬り去られた人も、世間にはその例が少なくないのであります。否、広く世上などといわれなくても、現にわたくしなどの知っている範囲内にもあるわけです。

このように請判というものは、実に危険極まるものでありながら、さてまたこれを断る段になりますと、借金の断り以上に言いにくいものであります。すなわちそれはわずか判一つのことでありますから、それを断るということになりますと、それはいわば相手方の人格に対して、疑念を表明することになるからであります。そこでこれを断るには、とうてい普通の手段ではダメであって、結局は家憲というのも仰々しいですが、つまり家代々の仕来たりとして、請判だけは相手のいかんを問わず、しないことになっているからとでもいうほかないでしょう。

もちろん相手方との関係次第で、請判はしない代わりに、それ相応にお金を出すとかいうことは、また別個の問題でしょうが、とにかく親子というような絶対に断れない場合は別として、「仮に金は貸すとも、他人の請判だけはしない」ということが大切だと思います。

それゆえ万一どうしても請判をしなければならぬ場合があったら、その際は自分自身が借金したつもりになって、常にそれだけの用意をしておくだけの心掛けでなくてはいけないでしょう。昨日も小学校の先生で、四十を越した人でありながら、学校の同僚の請判をしたところ、その相手に逃げられて、おまけにその金貸しが市内でも有名な高利貸しのために、実に何とも申しようのないお気の毒な状態に立ちいたって、相談に来られた人がありますが、そこまで来ると、なかなか普通の手段では、らちのあくものではないのです。

もっともその人のお陰で、現にあなた方にかようなお話もできるわけですが、この請判の問題は、あなた方、女の人にとっては、さらにもう一つの危険があるのです。と申しますのも貸金の場合ですと、もちろんこれはあなた方の結婚後の問題ですが、あなた方に全然内緒で、ご主人だけが融通されるということは、普通の俸給生活者の家庭などでは、ちょっと有り得ないと申してもよいでしょう。ところが請判となりますと、うっかりすると一々奥さんと相談しないで、ポンとついてしまう場合が、必ずしも無いとはいえないでしょう。しかもその危険の度合たるや、前にも申すように、とうてい借金や貸金の比ではないのです。

そこでこれを防ぐには、どうしても家を持ったならば事の起こらぬうちに先立って、まず経済に関する一家の根本方針を立て、同時に「掟《おきて》」ともいうべきものを打ち立てることが必要でしょう。これを怠って、ご主人が勤め先か何かで、ついうっかり押した判一つのために、主人の地位を失うはもとより、ついには親子もろとも丸裸になっても、なお足りぬというようなことにもなるわけです。この辺実に大切なことでありまして、結婚生活というものを、ただ小説などにあるようなものと夢見ていてはいけないのです。

それ程あなた方、女の人は、将来家を持ってからは、よほどの大責任を負わねばならぬものと、今から覚悟していなければならぬわけです。まあ人にもよりましょうが、格別親譲りの財産でもない限り、ひとり者の男性なら、大した蓄えをもって結婚するということは、まずは期待できないといってよいでしょう。否、結婚する男性の幾割かは、結婚の費用すら親に出してもらう人があると思わねばなりますまい。

そういうところへ嫁入りしてウカウカしていれば、子どもの出産とか病気入院等々切羽《せっぱ》詰まった事情で、どうしてもお金がなくてはかなわぬ場合が少なくないものです。そこであなた方も将来家を持ったら一刻も早く、一家の経済的基礎を確立するように努めねばなりますまい。

しかし相当努めたつもりでも、新婚早々の貧乏世帯では、時には不時の出費のために、よほど心掛けのよい人でないと、実際には困る場合もあるものです。そこで万一そうした土壇場になった際には、好ましいことではありませんが、結局は親御さんにでも泣き付くほかないでしょう。いかに困っても高利貸しにだけは、金輪際近づいてはいけません。

しかしその親御さんとても、いつまでも生きておられるわけではありませんから、そこで結婚早々まず家計の建て方の根本方針を決める必要があるわけです。実際他家へ嫁いで、不時の出費でお金の足りない時、頼みとする生家の両親の亡くなっている場合を考えてごらんなさい。身にしみるものがありましょう。それに両親が亡くなりますと、実家とはいえ、何といってもいろいろと事情が変わって来るものです。

そこでこのような場合、比較的安心のできる一つの方法を、ご参考までに申しておきましょう。

それは例の山内一豊の妻の故事に習うわけですが、結婚する際、支度の一部を差し控えて、その分と自分の貯金を合わせたものを、誰にも知られないように工夫して持って行き、平素は全然無いものとして、もとより夫にも絶対に知らさずにおくのです。そしてどうしてもそれを使わねば、主人の地位さえ危いというような場合に備えておくのです。すなわち最後の切り札用として、ひそかに用意しておくわけです。

もっともそれを蓄えておくには一体どうしたらよいか、これは実際問題としてはなかなか難しい問題でしょう。実家へ預けておくのもよくないでしょうし、さりとて嫁入り先へ持って行っても、絶対に人に知られないようにということは、よほどの苦心がいりましょう。しかしその点については、結局信用のある一流銀行へ行き、よく事情を話して相談されるのがよいでしょう。必ずや何らかの途《みち》が開けましょう。

とにかく人間というものは、特に女の人は、一家の経済の万一の場合を考えて、それに対して平素から、深く備えるところがなくてはなりません。もし無事にそれを使わないで、銀婚式でも迎えることができたとしたら、それこそ実に万々歳であって、その時はそのお金でもって、身内の人々に何か記念品でもつくって贈ったら、それこそ真に目出たい極みというべきでしょう。

もし将来あなた方の中に、ただの一人でもよいですから、実際にこれを実行する人があったとしたら、わたくしとしてもこの講義をした甲斐があるというものでしょう。

# 32　一つの美談

つぎつぎに過ぎにし人を思ふさへはるけくなりぬ我のよはひは　　赤彦

こういう歌は、何ら歌を専門的にやっていない人でも、誰もがよく分かる歌だろうと思います。それというのも、第一、内容そのものが何人にもよく分かるうえに、さらにこれが表現に当たって、一つも難しい言葉が使われていないところからくることでしょう。しかしそうした、いわばありふれたともいえるような言葉を使いながら、これだけの感慨を詠《よ》み上げているところは、やはり流石《さすが》といってよいと思います。

昨晩わたくしは郡部のあるところへ、それはわたくしがかつて天王寺師範で教えたことのある人のお兄さんが亡くなられて、その一周忌だというので、そこへお参りに行ったのであります。

そこで今日わたくしがあなた方に対してお話して、一緒に考えてみたいと思うのは、その席に列席しておられた故人のお友達の世にも美しい美談についてであります。それはその席上でなされた故人のお母さんのお話によって初めて一同の者がこれを知り、いずれも深い感動に打たれたのであります。そもそも故人の亡くなったのは、去年の昨日、すなわち昨年の十一月二十九日ということで、ちょうど丸一年前であります。

さてその美談ですが、その主人公にあたる故人のお友達は、Nという方だそうですが、その人は故人の亡くなった日から毎月、月の二十九日には、必ず欠かさずに美しい花をその家へ届けて、ちょうど丸一年間、十二か月をただの一度も欠かしたことがなかったというのであります。

時には会社の勤めが遅れて夜更けになり、ただ玄関だけで帰られたこともあったそうであります。また時には上がって、ゆっくりとお母さんを相手に、いろいろと四方《よ　も》山《やま》話をして帰られたこともあるそうです。

また時には大変な風雨の夜に来られたこともあるとのことであります。また時には会社の都合で（ついでですが、その人は大阪の丸善に勤めておられるのだそうですが）どうしても行けないことが、あらかじめ分かっている場合には、奥さんを代理に寄こされたこともあったということです。

とにかくかようにして、十二か月丸一年の間、故人の亡くなった二十九日には、かつて一度として花を持って訪問するのを欠かされたことは無かったということでありま す。故人のお母さんはこの話を披露して、改めて深くお礼を申されましたが、同時にその席に列席していたわたくしども一同も、実に深い感慨に打たれたことでした。

人間というものは、お互いに形のある間はその親しみも続きますが、ひとたび死して無形の世界へ帰りますと、愚かなわたくしどもは、とかく疎遠になりがちなものでありま す。しかしながら同時にそこには、人間の真実というものが、まがう方なく現れるともいえましょう。実際人間の人柄の現れるのは、相手の人の死後において、初めて真にハッキリするようであります。

このようなことがあっては困りますが、もしあなた方が将来、万一不幸にもご主人を亡くされるようなことでもあったとしたら、いかに人心のはかないものかということを、身にしみて感じられることでしょう。

夫の生前には、実に腰を低くして来た人たちが、ひとたび主人が亡くなったとなりますと、急に掌《てのひら》を返したように、横柄な物言いをするようになる、その寂しさと憤《いきどお》りに、幾夜を泣き明かしたことのない人には、結局人の世の真の姿は分からぬともいえましょう。人間の如実の相は、その場合に初めて現れるのでありまして、主人の存命中の交わりのごときは、言わば夢幻にも等しきものというべきでしょう。

ところがここに注意を要することは、これを単に他人事《ひとごと》として概観しているだけに留まるとしたらば、それはいかに概観してみても、畢竟《ひっきょう》するに自分もまた、それらの人々と同じ種類の人間だということでありましょう。

かくしてひとたび自己を反省してみますと、われわれ自身が、やはりかような軽薄な生活態度の中に、その日その日を送っていることに気づくのであります。かくして世間を責め世を罵《ののし》りながら、実はそれと一向違わない自分自身を、いい気になって捨てておくということにもなるわけです。

そもそもわたくしどもの常に忘れてならないことは、顔に墨をつけたままで平気でいるのは、それに気づかないからであって、いやしくもそれに気づいた以上は、そのままではとうてい大手を振って一歩も歩けるものではないということであります。すなわち、いたずらに世の軽薄なことを罵って、われひとり清しとしている間は、実は自分自身にもその軽薄さのある何よりの証拠というべきでしょう。

人は平生事なき時において、当たり前に交際するということは、われ人ともにすることですが、しかしひとたび病気になるとか、さらには死ぬというような場合になりますと、その場合いかなる態度をもってこれに臨むか、ということになりますと、そこにはその人の生地の地金が現れて来るのであります。少なくともそう見られても、何ら弁解はできないのであります。

そこでこれははなはだ変な申し分ですが、自分の知り合いに不幸な出来事などのあった場合には、いわば自分という人間が、どれほど真実であるか否かを、天から試される機会といってもよいでしょう。すなわちそれは、天の与えた人物試験ともいえるわけであります。

もっともこのように考えてくれば、わが身に振りかかることの一切は、いずれもこの自分にとって、人物試験ならざるはないともいえるわけで、特に将来家を持った場合は、親戚知友等の不幸に対しては、深く心を用いなければならぬと思うのです。

ことに主人を亡くされた後などは、女同士の察しもよくできるわけですから、できるだけの真実を尽くすべきでしょう。男性となりますと、たとい生前親しくしていた友人であっても、その死後そう度々訪ねるということは世間態もあることゆえ、差し控えねばならぬ場合もありましょう。そうした場合、あなた方のような女の人が、主人の代わりになって、主人の足りないところを補うよう十分に意を用いねばなりますまい。

そういう場合に「これは主人の知り合い関係であって、直接自分との関係はない」などと言ってうとんじたり、はなはだしきは、主人が訪ねることに対して変な嫉妬がましい心を抱くというようなことでは、まったくの困りものというものです。そういうふうでは、結局人間としての道を知らない世間知らずであり、苦労知らずの女性といわれねばならぬでしょう。

＊夫婦のうち人間としてエライほうが、相手を言葉によって直そうとしないで、相手の不完全さをそのまま黙って背負ってゆく。夫婦関係というものは、結局どちらかが、こうした心の態度を確立する外ないようですね。

＊親への孝養とは、単に自分を生んでくれた一人の親を大事にするだけでなく、親への奉仕を通して、実は宇宙の根本生命に帰一することに外ならない。

# 33　苦労と人間

むらぎもの心澄みゆけばこの真昼鳴く蟲《むし》の音も遠きに似たり　　赤彦

これはやはり赤彦の歌でも秀歌に属するものといってよいでしょう。ところで、この歌で中心ともいうべきは、やはり第五句の「遠きに似たり」でしょう。では何が遠きに似たりかというと、申すまでもなくこれは「蟲の音」でしょう。ところで「遠きに似たり」というう以上は、実際は比較的近くで鳴いているわけですが、にもかかわらずそれが、遠くで鳴いているかに聞こえるわけです。ではなぜそういうことになるかというと、第二句の心が澄んでくると、事実としては近いにも拘わらず、それが遠くで鳴いているかに聞こえるというわけで、結局は心耳《しんじ》が澄んできて、虫の音に永遠を想うということでしょう。

この間は、川村理助先生のお話を伺いまして、あなた方としてもいろいろと深い感銘を受けられたことと思います。川村先生については、わたくしは以前から多少のことは存じておりますし、ことにあの方のお書きになりました「実践女子修身」という修身の教科書は、おそらく現在わが国の女子用の修身教科書のうちでは、類のない立派なお書物であると、かねてから敬服している者であります。なおまたお話を伺いましたのも、この間が初めてというわけではなく、すでに一昨年一度お話をお聞きして、あの誠実懇篤《こんとく》なお人柄に接したのであります。

さてただ今も申しましたように、あの方の書物が教科書としてはるかに群を抜き、またその他のお書物にしましてもある意味では新たな領域を拓かれたものといえるのは、そもそも何によってできたかと申しますと、それはいうまでもなく、あの方の立派なお人柄によることでありますが、ではかような立派なお人柄というものは、一体どうしてできたというのでしょうか。どうしてもこの点を明らかにしなくてはなるまいと思うのであります。

総じてわたくしどもは、立派なものの優れたものに対しては、もちろんそれを立派とし、優れたものと認めるだけの心の明がなくてはなりますまい。よいものがよいと分からず、立派なものが立派と見えないようでは、まったくお話にならないわけですが、しかしわたくしどもとしては、単にそれだけに留まっていてはならぬと思うのでありましょう。

すなわち立派なものの優れたものに対して、ただ単に立派であるとか優れていると感心するだけでは、なお足りないと思うのです。すなわちそこにはさらに一歩を進めて、その立派さは、そもそもいかにして生まれたのであるか——という点をも突き止めてみなくてはならぬと思うのです。

たとえば今ひとりの農夫が、隣村の親戚を訪ねたとして、その親戚の隣りに非常に立派な茄子《なす》がなっていたとしましょう。でも農業に対してあまり気のない人でしたら、たとえ見事な茄子がなっていたとしても、あるいはそれに気がつかないかもしれません。しかしそれではまったく問題になりません。

そこでいやしくも農夫である以上はそれに気づいて、一応は感心するでしょう。しかし単にその場で感心したというだけで、そのまま帰ってしまったんでは、これまた感心しないのと大差ないわけであります。いやしくも農夫である以上、見事な茄子の出来映えに対してまず驚くとともに、単に驚いただけで引き下がらないで、どうしたらそのような見事な茄子ができるものか、その作り方について、それこそ根掘り葉堀り聞いてみなくてはなりますまい。相当詳しく聞いて、その通りやったつもりでも、さていよいよ茄子がなってみますと、なかなか先方のように見事なのは、ならないのが常であります。

そこで今あなた方にしても、川村先生に対してただ感心したというだけでは、足りないと思うのです。それと申すのも、どうしてあの方が、あのような立派な方になられたのか、そこを一つしっかりと突き止めてみる必要があるわけです。そしてそれは、この間のお話にもありましたように、結局はお子さんならびに奥さんという、二人の身内の方の看護に、足掛け三十一年という長い歳月を、お過ごしになったという点にあるといえましょう。

さて口で申せば「三十一年」と一口にも言えますが、しかし三十一年といえば、実は人生の大部分といってもよいのです。後で伺いましたら、お子さんのご発病は、先生の二十六歳の時だったとのことですから、そういたしますと、つまり二十六歳から五十六、七歳の頃まで、人生における働き盛りの大方を、お身内の方の看病に過ごされたということになります。二十六歳から五十六、七歳といえば、ほとんど人間の一生といってもよいでしょう。そして長い年月の間、苦労のただ中に自己の一切を投げ込んで当たられたところに、あの比類のない一種独特のお人柄ができあがったのでありましょう。

かように考えてまいりますと、わたくしどもは偉い方をただ偉い方とのみ感心し尊敬するだけでは、まだ足らぬと思うのです。そして人間の真の偉さというものは、なかなか容易なことでできるものでないということを知らねばなりません。すなわち多くの人々から、偉い方と崇《あが》められるような人は、決してひとりでにそうなられたのではなくて、そこには実に血の滲《にじ》むような代償を支払っておられればこそ、かくも人々から仰がれるようになられたわけであります。そしてその代償とは、結局これを一口に申せば、人の世の苦労、辛酸《しんさん》といってもよいでしょう。

もちろん人間はただ苦労さえすれば、それでみな偉くなるとは限りません。苦労も正しくいたしませんと、かえって人間がひねくれたりいじけたりすることも、世間には決して少なくないからであります。が同時にまたどんなに立派な素質の人でも、何らかの意味で人の世の苦労をなめないことには、真の人間にはなりにくいと思うのが、古今東西まずは動かぬところといってよいでしょう。現に川村先生のごときも、その一例と申してよいと思います。

そこであなた方としても、いやしくも人間としてこの世に生をうけた以上は、将来多かれ少なかれ、人の世の苦労が降りかかって来ることでしょうが、しかしその際悲観は大禁物であります。それどころか、これこそ自分を鍛え磨いてくれる神の鞭《むち》と信じて、苦労のどん底にありながら、そこに人生の教訓の泉を掘り当てるまで、全力をあげてこれと当面していかねばなりません。そうすることによって、初めてわたくしたちは、まずは一人前の人間になれるというわけでしょう。

　したがって偉い方のお話を伺って感心することも、もちろん大切なことですが、同時にただそれだけに留まっていてはいけないと思います。そして何が一体その方を、そのような立派な人にしたかと、その根本に遡《さかのぼ》って考えてみることが大切です。そして何とかして自分も、その方に負けないように、一つやってみようという決心覚悟が、たとえほのかながらも、心中に湧き出てくるようでなくては、決して頼もしい人間とはいえないと思います。

　時間の都合上簡単ではありましたが、川村先生のお話を承ったことにちなんで、平素考えていることの一端を、お話ししてみた次第です。

# 34 心の清らかさ

天遠く下りゐしづめる雲のむれにまじはる山や雪降れるらし　　赤彦

これも赤彦の歌の中では、秀歌の一つに数えてもよいかと思います。同時にこの歌などになりますと、単に客観的な自然界の直写ではなくて、一種象徴の域に達しているともいえましょう。そしてそれは、何よりもここに使われている言葉が、いずれも余韻をもって、互いに響き合っていることから来ることでしょう。とにかく言葉の持っている響きと、さらには言葉と言葉との響き合いの味を、よく噛《か》みしめてみるほかないでしょうが、それには結局暗誦《あんしょう》でもしていて、常に声に出して朗読して味わうほかないともいえましょう。否それ以外に方法はないと思うのです。

人間の人柄については、もちろん種々の言葉で、またいろいろな方面から考えることができましょう。そこで今日はこれを「心の清らかさ」という方面から、少しお話ししてみたいと思います。そもそも心というものは、元来無形のものであります。だがそれにもかかわらず人間の心持ち、特にそれが清らかであるか否かということは、案外よく分かるものだと思うのです。

他人の背中に痣《あざ》が有るか無いかとか、また火傷《やけど》や切傷等の痕《あと》が有るか無いかというようなことは、一緒に風呂にでも入る機会のない限り、容易に分かりにくいことですが、その人の心がキレイであるかどうかということは、案外ハッキリと分かるものであります。ではどうしてそれが分かるかと申しますと、結局それが、何らかの意味で形の上に現れるからであります。

たとえばいま相手の人の持っている書物を借りるとか、あるいは筆記帳などを貸してもらうとかいうような場合、同じく貸してくれるにしても、心から快く貸してくれる人と、何も文句は言わないけれど、その一瞬サッと一抹の不快な気持ちが、その面上をかすめる人とに分かれるといえましょう。また中には「今は読みかけだから」とか、「今晩自分も清書が遅れていて、これからやろうとしているので」とか、とにかくそれが実際であるのか、それとも口実に過ぎないのか分からぬという感じを与えて、貸してくれない人もありましょう。かように、ちょっとした物の貸借一つによっても、その人の人柄から、さらにその人の心のキレイさのほどまでうかがえるものでありまず。

以上述べたのは、ほんの些細《ささい》な一例に過ぎませんが、しかもかような事柄が、実はわたくしたちの日常生活の上には、なかなか少なくないのであります。総じて心の清濁ということは、結局は利己的な欲望の有る無しの問題といってよいでしょう。たとえば何か失策をしたという場合でも、人から問われぬ先に申し出る人と、問われて初めて正直に言う人と、さらには問われても偽りを言って済まそうとする人との三種に分かれましょう。

さてここで注意すべき事柄は、大抵心の清くない人に限って、かえって自分の心が清くないとは思わないということであります。したがってまたそういう人は、自分がそのために他人から快く思われていないなどとは、気づかぬものであります。否、多くの場合、自分をどこまでも清く正しい人間だと思っているようであります。ですから、仮に自分の考えに反対する人でもあろうものなら、その人を大変悪く思い、さらには悪口さえ言いかねないのであります。これに反して心の清らかな人というものは、常に自分を反省していますから、いつも自分の心が濁って乱れようとするのを、恐れ慎《つつし》んでいるのであります。それゆえ、他人からは気づかない程度のわずかな心の濁りも、本人にはそれが非常に気になるのであります。

それはちょうど汚れて埃《ほこり》まみれの鏡には、たとえそこに多少の垢《あか》がつこうが、汚れはさほど目立たないのと同じことで、キレイにすっきりと拭《ふ》き清められた鏡には、ほんのわずかな塵《ちり》がついても、非常に目立つのとよく似ています。かくして心の清らかな人ほど、実は自分のわずかな心の濁りや乱れに対して、鋭敏にこれを反省して見逃さないものであります。そこで仮に他人から自分の考えを反対される場合があったとしても、否さらには他人が自分の陰口を言ったということを伝え聞く場合があろうとも、もちろん人間ですから、一瞬、不快な感じはいたしましょうが、しかし直ちに

「先方がそういうのも確かに無理はない」と反省するのであります。

すなわちよくわが身を反省してみれば、確かにそう言われてもやむを得ないところがあると感じるわけであります。それゆえ、いつまでも相手に対して怒りの念を持つということはないわけです。いわんやそれを恨みに思って、いつかは仕返しをしようなどとは、毛頭考えないのであります。

このように、仮に自分の陰口を言われたことが耳に入ったとしても、ちょうど春の淡雪が池の面に落ちるように、なるほど一瞬、心の水面に触れはしましょうが、同時にそれはただ一瞬の間に過ぎないであって、たちまちにして消え去って跡形も留めないのでしょう。そしてこの跡形も留めぬというところに、外から見てその方の心の清らかさが感じられるわけであります。

すなわちそういう人は、決してわれとわが身を心清らかだと許してはいられないのであって、かく他人から言われたり思われたりするのも、よくよく反省してみれば、やはりもっともなことだと、常にわが心の濁りを反省させられるのであります。が同時にそれによって、かえってすべてが清められてゆくわけであります。

ではその反対の場合は、一体どうなるのでしょうか。人は自分を反省しない場合は、他人が自分の悪口や陰口を言ったと聞けば、たちまちにして「どうも怪しからぬ」といきになって反発し、それを素直に受け取ろうとはしないでしょう。そこでまた、いつか折りでもあったら、この仕返しをしてやらねば気が収まらぬともなるわけです。このように胸に一物が溶けずにいるわけですから、これを外から見ますと、どうしても不透明で濁った感じを与えるわけであります。かくして自らを正しいと許している人ほど、これをわきから見ますと、ご本人の考えとは反対に、濁った感じがするわけであります。

この辺は、これまであなた方の考えておられたのとは、多少違ってはいないかと思うのであります。人間はその心が清らかでなければならぬということは、現在の自分の心を、そのまま清く正しいと許すことではなくて、むしろこれまで人並みに自分も、正しくて清らかだと許してきたわが心を、さらに一段と深く掘り下げて、そこにこれまで気づかなかったわが心の濁りを見出して行く態度こそ、やがて他人からこれを見る時、心清らかなる人といわれるゆえんでありましょう。

そもそもわれわれ人間の真のねうちは、結局はその人の心の清らかさのほかないともいえましょう。いかに多くの富を蓄えても、またいかに大事業をしたとしても、さらにまたいかなる高位高官に昇ろうとも、人間の最後のねうちは、結局は心一つの問題といってよいでしょう。すなわち「心の清らかさ」という一事のほかないわけであります。

人間も若い間は、このようなことはなかなか分かりかねることでありますが、しかし年をとるとともに、次第にこの辺の道理が、単なる道理としてではなくて、生命の深い実感として、感じられるようになるものであります。実際人間の真価は、その人の肉体がこの地上からなくなってしまわないことには、本当のことは分からぬともいえましょう。この世に生きている間のことは、その人の社会的位置とか、また財産名誉などというものによって、その真価が遮《さえ》ぎられておりますが、ひとたびその人がこの世を去ってしまえば、後に残るのは、ただその人の真実心のみであります。すなわちまたその人の心の清らかさのほかないわけであります。

# 35 報いを求めぬ心

霜晴れの光に照らふ紅葉さへ心尊しあはれ古寺　　赤彦

これは「大和古国」という一連の中の一首で、晩年、中村憲吉と一緒に、大和の古寺巡礼をした際の一首です。「唐招提寺」という前書きがありますが、非常に明るいところが、この歌の特色といってよいでしょう。しかしその明るさは、いわば寂光《じゃっこう》に照らされた明るさともいうべく、晩年「柿蔭集」において到達したものが、すでに「太虚集」の半ばあたりから、ぼつぼつ兆しかけているといえましょうが、この歌なども、いわばその一例といってよいでしょう。

人間の心の清らかさは、それが深まってきますと、ある意味では「報いを求めぬ心」ともなるようであります。ところでこの「報いを求めぬ心」ということは、言葉で申せばただの一言で済みますが、しかし真にこの境涯《きょうがい》にいたるということは、結局は何らかの宗教的信仰に立たなければできないともいえましょう。

実際宗教というものは、人間が本当に生きるためには、非常に大事なものですが、しかし宗教的信念を持たない人には、宗教というような言葉を持ち出すことは、いわば逃げ口上とも思われて、好ましくないともいえましょう。ですからこの報いを求めぬ心は、宗教的信念がなくては得られないというよりも、むしろ逆に、宗教とはいかなるものかといえば、ある意味ではこの「報いを求めぬ心」そのものが、そのままですでに宗教的な心持ちの一面であるというほうが、かえってよいともいえましょう。

さてわたくしたちの日々の生活にあっては、どんなに立派なことをいたしましても、そこには必ずや何らかの意味で報いを求める心がつきまとうのであります。

仮に遠足なら遠足の場合、真っ先に集合地へ行くということは、確かによいことに違いないでしょう。ところがもし二番目に来た人から、「あなた一番だったのね」と言ってもらえないと何となく物足りない感じがしましょう。一番に来たということは、誰よりも自分自身が最もよく承知していながら、そこに何となく物足りない感じがするわけです。しかし二番目に来た人は、言うと言わないとの別はあっても、とにかく自分が第一着に来ていたことは認めてくれたわけであります。しかるに三人目四人目と、次々に後から来る人々には、一体今日は誰が一番先に来たのか分からなくなるわけであります。それゆえ誰かがそれを問い正してくれないと、ちょっと物足りないという感じもするわけです。そこでたしなみのない人は、何のきっかけもないのに出しぬけに「今朝は私が一番だったんよ」などというようなことも言ってみるのです。

またそれほどはしたなくはないとしても、何とか話がそこへ連絡がつかないものかと、心中ひそかに思いめぐらすともいえましょう。同時にこのような心のさもしさが、一般にわたくしたち人間の抱きやすい凡情というものであります。

このようなことは、事柄自身としては実に些《さ》細《さい》なことであります。その上にまた特に誰のためにしたというわけでもなく、いわんや非常な犠牲を払って相手のために尽くした、というようなことでもないのですが、それでいてお互い人間の根性の浅ましさは、大体まず先に申したようなものではないかと思うのであります。ですから、いわんやあるひとりの人のために、多少でも自分を犠牲にしたというようなことでもありましたら、何としてもそれが頭にこびりついて容易に離れ難いのであります。

このように、自分が相手のために尽くしてやったということが、いつまでも頭にこびりついて離れないということは、すなわち心中ひそかに報いを求める心を抱いているということでもありましょう。

そしてそこで最も大切な点は、このように報いを求める心が付きまとっている限り、いかなる善行といえども、少なくとも神仏の眼からは、真の善行とはならぬというわけです。すなわちこの報いを求める心というものは、人間の善行を汚す烏賊《いか》の墨のようなものであります。

しかるに世間一般には、必ずしもこの点がよく分かっているとはいえないようであります。もっとも他人のことでありますと「あの人に一度お掃除を代わってもらったら、いつまでもそれを恩に着せはって——」といった調子で、すぐにプーンと鼻につくわけですが、しかしそれがひとたび自分のこととなりますと、自分の口中の臭さの分からぬように、またわが腋《わき》の悪臭が自分には分からぬように、かような心中ひそかに報いを求める心は、人知れずその悪臭を放つわけでしょうが、お互いにそれを気づかずに過ごしているわけであります。

かくして人間も、この報いを求める心から抜け出すことができたら、その時初めて心清らかになると申せましょう。同時にまた初めて、そこに人間の気品というものも出てくるわけであります。

つまり人間というものは、五分五分の心、すなわち「自分がこれだけしてやったからには、先方もこれくらいのことは、してくれても良さそうなものだ」という心のある間は、その人柄の上に、どこか卑しい影がつきまとうものであります。

すなわち多少のことでも他人《ひと》のために尽くせば、どうしてもそのことが頭から去らないのであります。また他人《ひと》から何か言われれば、必ず何とか言い返しをせねば落ち着かないとか、また他人《ひと》が自分の陰口を言っていたと耳にすると、その人に向かって何とかしなければ腹の虫がおさまらないとか、ないしそれほどではないとしても、いつまでもそれが頭にこびりついて、どうしても離れないのです。

総じてかくのごときものは、いずれもいわゆる五分五分の根性であって、これを難しい言葉で申せば、いわゆる「相対的態度」というものであります。人間のあらゆる悩みと苦しみとは、畢竟《ひっきょう》するに皆この五分五分の心より起こるのであります。もちろんわたくしたちのこの五分五分の心というものは、その種類も実に際限のないわけですが、しかしそれを脱するには、さしあたってまずここにお話した「報いを求めぬ」境涯にいたるように努力することでありましょう。

では、それには一体どうしたらよいかと申しますと、一つの方法は、まったく人の知らないところで、なるべく多く善根を積む工夫をするということでしょう。今あなた方に手近なところで申せば、例えばご不浄の中に落ちている紙屑《かみくず》の類を拾って、容器の中へ入れておくとか、さらには人の粗相をした跡を、人知れず浄めておくとか、あるいは教室を最後に出る場合、戸締まりをして出るとか、すべて人目に立たぬところで、なるべく人に気づかれないように善根を積むということであります。

こうした種類のことを一心に努めていますと、善行に対して報いを求めるという心持ちが、次第に薄くなってくるように思います。つまり平生他人から報われないような事柄に力を注いでまいりますと、他人から報われないということが、割合に苦にならなくなるものであります。

さらにまた心境がすすめば、下手に礼だの褒め言葉だの言われると、かえって心はにかむ思いがするようにもなりましょう。この種のはにかみの心は、ただ心清らかなる人のみが知るところといってよいでしょう。実際古今の優れた精神的偉人の一面には、常にこの種のはにかみ心があったと思うのであります。

かくして人間の人柄、特に心のゆかしさというものは、人の気づかないところで、その人がいかなる心を持ってどのようなことをするかということによって決まるともいえもしょう。

それはちょうど映画のフイルムは、観客には一向分からないけれど、しかしスクリーンの上に映る一切の映像は、すべてフイルムの中に含まれているようなものであります。すなわち人間が人知れず抱く心持ちや、人知れぬところで行う善行こそ、その人の気品のもつゆかしさをつくる基礎になるわけでありまして、そのためには、この「報いを求めぬ工夫」ということが一つの大切な心掛けでありましょう。

＊女性が真にその個性を発揮するには、現状では一応「独身を覚悟してかかる必要がある」と思うわけですが、しかしそれは必ずしも「独身主義を貫かねばならぬ」などと申しているわけではないわけで、相当なところまで行ったあげくに、もし適当な配偶者が見つかれば、もちろん結婚されるのがよいわけです。
もっともここでわたくしが「適当な配偶者」というのは「理想的な配偶者」などという野暮なことを意味するのでないことは、改めて申すまでもないでしょう。

# 36 母は絶対なり

扉ひらけばすなはち光流るなり眼《まなこ》の前の御仏の像　　　赤彦

これは、この前ご紹介した「大和古国」という一連の中の一首であって、この歌は赤彦が、法隆寺の「夢殿の観音」の拝観を許された時の印象を、感慨をこめて詠《うた》い上げたものとして、やはり秀歌の中に数えてよいと思います。この一首で一番生きているのは、何といっても第二句の中に使われている「すなはち」という一語であって、この場合は論理的な意味ではなくて、時間的に間髪を入れない趣を示すものとして使われているわけですが、それが実によく利いて使われていると思うのです。やはり老手というほかない気がいたします。

あなた方に対するわたくしのお話も、次第に終わりに近づいて、もうあと一回くらいしかないではないかと思います。そこで今日は最後の一つ手前の時間として、この「母は絶対なり」ということについて、少し申してみたいと思います。

そもそも世の母親というものは、もしこれを子どもの眼から見る時、すべてが絶対なものといえましょう。この場合絶対とは、無上ということであって、すべての比較を超えるということであります。すなわち立派だの完全だのと言っても、とうてい言い尽くせないという意味です。つまり母親というものは、子どもの立場からは、まったく他に掛け替えのないものであって、つまり他人の母親と比較しようとしないところに、その絶対性はあるわけであります。

そもそも物事というものは、すべて比較を止めた時、絶対無上となるのであります。総じて善悪とか優劣などということは、みな比較から起こることでありまして、もし全然比較をしなかったとしたら、すべてがそのままに絶対無上となるわけであります。

そこで今、子としては、わが親は他人の親とは比べられませんから、そこでは母は子にとって絶対無上となるわけであります。それゆえ外から見れば、いろいろと欠点のある母親であっても、少なくとも子どもの立場からは、わが親に勝《まさ》る親はないわけであります。

その証拠に、大きくなって理屈を言うようになり、さらには親を批評的に見て、かれこれ言うようになりましても、ひとたび他人からわが親の悪口でも言われようものなら、たちまち怒るに相違ないことでも分かります。


さてわたくしが今日ここで、かようなことをお話ししたのはなぜかと申しますと、このように母はその子から見れば、善悪良否を超えて絶対無上でありますから、あなた方のように、将来人の子の母となる人は、今からそれだけの覚悟が必要だということを申したいのであります。すなわち世の母親たる者は、このいたらぬ自分のような者でも、これを絶対無上として、なついてくれるわが子に対して、実に深い責任があるといえましょう。同時にこの点からは、女性の修養は男性以上に大切であり、それゆえまた女性の修養は、実に尽きる期《とき》がないともいえましょう。

もちろん修養上のことは、一面からは男女ともに必要であって、その間決して軽重の差の有るべきはずはないともいえましょう。また実にそうあるべきはずですが、同時にまた他の一面、仮に父親となっても、子どもとの関係は母親ほどに直接的ではありません。そもそも子どもが父親に対して親しみを持ち、その心を察し出すというのは、もちろん人にもよることですが、普通にはある程度の年頃になってからのことであります。すなわち子どもとして父親の心が分かり出すというのは、ある段階に達してからのことであり、さらには多少とも世間のことが分かり出してからとも言えましょう。

しかるに子どもが母親になつく気持ちは、まったくそうした知恵分別以前のところから発しているわけであって、すなわち母子のつながりは、直接「血」を分けたいわば本能的なつながりといってもよいのです。そこでどんな母親でも、子どもの眼から見れば絶対無上であり、したがって母のすることは、その一々がわが子にとっては絶対の手本になるわけであります。そしてこうしたところに女性は、男性以上にその修養の必要なゆえんがあると思うのです。

たとえばあなた方にしても、料理など多くは母親の料理の流儀を持って、結婚するといってもよいでしょう。つまり女性は、料理の種類から掃除の仕方にいたるまで、すべてこれを母親から身につけ受け継ぐものであります。そこで他家へ嫁いでからも、ついお里が出るというわけです。「お里が出る」という言葉は、里でしていたまずいところが、つい現れるということがその起こりでしょう。

かくして母親のすることは、子どもにとってはその一々が、みなお手本という意味を持つわけであります。否、手本といってもまだ生温いともいえるほどであって、母親は子どもにとってはまるで全世界であり、宇宙そのものともいえましょう。

試みに卑近な例で申しますと、ここに食パンを食べるのにも、紅茶がないと食べられない母親があったとしますと、そういう母親の手に育てられた子どもは、他日紅茶なしにただ食パンだけを食べるということは、よほどの苦痛を感じるようになりましょう。さらにまた紅茶には、必ずミルクを入れる習慣をもった母の手に育った子どもは、おそらく終生ミルクが入ってないと、紅茶も紅茶のような気がしないでしょう。

さらに食パンを紅茶の中に浸して食べる癖をもった母親の育てた子は、それを当然として、将来いかなる場所でもそれをして、毫《ごう》も意に介しないでありましょう。

あるいはまた母親が漬物嫌いでしたら、その子もいつしか漬物嫌いに育ち、長じて寄宿舎生活でもしない限り、その漬物嫌いは容易に直らないのが常であります。ところが女子の場合には、男子のように寄宿舎生活をする人は少ないわけですから、容易に改まる機会はないともいえましょう。

特に最近では、女学校なども昔と違って、ずいぶん田舎にもできるようになり、そのために大抵はみな家から通うようになりましたから、結局はそのまま結婚することになるわけです。かくしてそこには、立派に漬物嫌いのお嫁さんができ上がるというわけで、味噌汁嫌いとか、卵嫌いなど、すべて同様であります。

ところが、これがひとたび母親の派手好きとか、さらには財布の締まりの悪さなどということになりますと、それはまったく子どもの運命そのものをつまずかせる原因にさえなりかねないでしょう。

世間で「嫁をもらうなら母親をもらえ」というのも、まったくこのようなことをいうのでしょう。娘の間は、その気立てのほども十分には分かりかねますが、親、特に母親を見れば、大体の見当はつくというわけです。実際娘は年とったら、大抵その母親のような人間になると思えば、まず間違いないといってよいようです。

要するにそれは、子どもにとっては母親は絶対ですから、したがって良きも悪しきも、子どもはそのすべてを母親に学ぶところからくるわけでしょう。かくして今あなた方についていて申すとすれば、現在あなた方の一挙一動は、そのまま未来のあなた方の子どもの中へ種子として蒔《ま》かれつつあるといってもよいでしょう。

# 37 最後の問題

わたくし思うのですが、たぶんこの時間が、あなた方に対する今年度の最後の授業となろうかと思われますので、今日はこれまでお話ししてきた事柄について、その締めくくりという意味で、最後のお話をしたいと思います。四月の始めあなた方の修身の授業を受けもって以来、わたくしがあなた方に対してお話ししてきた事柄は、これを形の上から申せば、多くはみな小さなことばかりでした。それゆえあなた方の中には、わたくしという人間は、なぜあのように小さなつまらぬことばかり言う人間かと、不審の感を持たれた人も、少なくなかったかと思うのであります。

わたくしが、これまであなた方に対して申してきた事柄の多くは、少なくとも事柄自体としては、みな小さな問題が多くて、中にはあなた方がすでに小学校時代から教わったことも、少なくなかったかと思うのであります。しかしわたくしの考えでは、いざ実行ということになれば、あなた方の多くの人が、必ずしも十分これらの事柄を卒業しているとは、思われないからであります。同時にそれがわたくしをして、あえてかような立場から、極めて卑近な日常生活に関する事柄について、お話し申すにいたらしめた原因であります。すなわちわたくしとしては、あなた方にもう一度元の白紙に立ちかえって、そこからして、新たに脚下の第一歩から歩み出していただこうとしたわけであります。

さてお別れに臨んでわたくしは、これまで一年間申してきた事柄に対して、最後の締めくくりをしたいと思います。もっともここに締めくくりとは言っても、いわゆる総括《そうかつ》的なことを申そうという意志は毛頭ありません。否わたくしの言おうとするところは、ただ一事であり、わたくしはそれをもって、この一年間にわたる講義に眼睛《がんせい》を点ずるの意としたいのであります。ではその一点の眼睛とは、そもそも何であるかと申せば、それはただ今のわたくしの考えでは、「志」という問題であります。すなわちあなた方に立志、すなわち真の志を立てていただきたいと思うのであります。
そもそもこの「志を立てる」ということは、男子の場合におきましては、古来最も大切なこととされているのであります。おそらく男子の教育においては、この志を立てるということが、その根本眼目をなすといってよいでしょう。すなわち二度とないこの人生において、自分は一体何をなすべきであるか。かく生涯の目標を打ち立てるというところに、わたくしども男子の教育における根本眼目はあるといえましょう。けだしそれ以外のすべての事柄は、ひとたび志にして真に立つならば、後は自らにして行われるからであります。同時にもしこの志にして真に立たないとしたら、いかなることを、またいかように多く学んだとしても、結局は真にわがものとはなりにくいでありましょう。

ところが、それがあなた方のように女性の場合となりますと、この志を立てるということも、一般にはあまり言われていないようであります。現に立志といえば、誰でもまず男性のことを考えるでありましょう。

これは女性というものは、これまでも度々申してきたように、男性とはその生涯の道が違うところからくることでしょう。すなわち男性は一つの目標を持って世に立ち、生涯をかけてその志を達成せんとするものだからであります。したがってまた男性は、その向かう方面がそれぞれ人によって違うわけであります。

しかしながら目標を立てずして、人生の意義を全うすることのできないことは、元来男女によって相違のあるべきはずはないでしょう。現にあなた方にしても、この間田村源太郎翁の話を聞かれて、おそらくどなたも深い感銘を受けられたことと思いますが、要するに翁の今日あるをえたのは、少年時代にすでに確乎たる志を立てられたことが、その根本原因といってよいでしょう。あの方はなぜあのように普通の人々と、違っておられるのでしょう。要するにそれは、生涯を貫く「志」の問題といってよいでしょう。

かように考えてきますと、あなた方もいやしくも生をこの世に享《う》けた以上は、自分の向かうべき生涯の目標を立てねばならぬでしょう。もしそうでなかったとしたら、人生などといっても、いつしかうやむやの中に済んでしまうことでしょう。

ところが志を立てるということについては、男性のほうは女性と比べる時、よほど目標が立てやすいようであります。それというのも男性は、それぞれ専門の道を歩むわけですから、そこで男性は職業を選ぶ時、ある意味では、すでに、立志の一歩を踏み出したものともいえるわけであります。

もっともあなた方は普通の女性と比べれば、かなりその趣が違うわけであります。すなわちあなた方は教育者になろうとしているわけですから、ある程度男性と共通するところがあるわけであります。しかしながら、あなた方のうち男の先生たちのように、生涯を学校教師として生きるという人は、現在のところまだ、比較的に少ないかと思うのです。

同時にわたくしとしては、この点にあなた方としては、深く考えねばならぬ大きな問題があると思うのです。そしてこの問題をどのように解決してゆくか、そしてその心構えのいかんによって、あなた方の生涯は大きく左右されるといってもよいでしょう。

この点はあなた方にとっては、ずいぶん困難な問題ではありましょうが、しかし同時に他の一面、大いに幸せともいえるわけであります。と申しますのも、そもそも人間というものは、困難な問題を持っているほど、自分が磨かれ鍛えられるものだからであります。

禅宗では師家から公案というものを出されて、始終それを考えねばならぬようにされるわけですが、公案とは畢竟《ひっきょう》するに、自分が身をもって解決すべき問題を与えられるということであります。そこでその意味からは、生涯常に問題を持つ人は、真に充実した人生を送り得るわけであります。

そもそも人間というものは、ただぼんやりと、いつの間にやら人妻となり、またいつしか人の子の母となってしまったというのでは、結局ただの女性でしかないでしょう。そこでこの人生を真に意義あるように送るには、一体どう生きたらよいかという問題と取りくみ、あらかじめ生涯の目標を立てて、心中深く期するところがなくてはなるまいと思うわけです。

しかしそのためには、何よりもまず優れた女性の伝記を読むことが、第一の着手点ではないかと思います。あなた方のようなうら若い年頃からいろいろと優れた女性の歩んだ足跡を読んでいますと、そこに自らわが進むべき道も明らかになることでありましょう。

そもそも偉人の伝記を読むことは、男性の立志には、絶対不可欠の根本条件といわれていますが、しかしあなた方のような女性の場合にも、道理としては同様と思うのであります。ただ残念なことには、女性の伝記には、男性ほどに優れたものが得難いということです。もちろん男性の伝記も、いざとなりますと、真に優れたものはなかなか得難いのではありますが、しかも女性の場合には、特にその感が深いといってよいでしょう。

かようにあなた方に対する話の最後を、わたくしが「立志」においたということは、この一事を得なければ、一年間わたくしの話してきたことも、結局はいわば描かれた餅《もち》と等しく、真にあなた方自身の問題とはならないからであります。

すなわち今やあなた方との訣《わか》れにあたり、わたくしがこの「立志」という問題をもって、最後の問題とするのは、なるほど形の上からは、一応最後ともいえましょうが、実はこの「志」を立てるにいたって、初めて真の出発ということになるからであります。

いまだ志の立たない間は、何をいってみても、結局は単なる口舌の範囲を出ず、さらにはまた彷徨《ほうこう》の域を脱しないともいえましょう。それゆえ今過去一年間の話の最後を、この立志の問題によって結ぶということは、実は終わりでなくして始めであり、あなた方に、真に永遠の首途に上っていただきたいと念ずればこそであります。

真の修身は、授業の終わりの鐘が鳴るところに出発するとは、たしか四月の初め第一時間目に申したことと思いますが、真の修身は、単に一時間の授業の終わりから出発するというだけでなく、今や過去一年間の授業を終わろうとするにあたって、この最後の時間こそ、真の出発点となるというべきでしょう。

来年度あなた方の組を受け持てるかどうか、それは全くわたくしの決定の範囲を超えた問題でありますが、そのいかんにかかわらず、ここに「立志」の問題をお話し申すことによって、今やお訣れと同時に、真に永遠の第一歩を踏み出していただきたいと思うのであります。

以上本年ご縁があって、一年間修身の授業を受け持ってきたわたくしとして、あなた方に対する最後のお願いであります。では――。

＊真に心深き人とは、自己に縁ある人の苦悩に対して深く共感し、心の底に「大悲」の涙をたたえつつ、人知れずそれを嚙《か》みしめ味わっている底《てい》の人であろう。

＊大よそわが身に降りかかる事柄は、すべてこれを天の命として慎んでお受けするということが、われわれにとっては最善の人生態度と思うわけです。

# 〈附編〉 授業風景の思い出

## 森先生の出会い

木谷　静子

先生は授業はじめに書物のご紹介で「とにかくこうした第一級の書物を読み、第一級の人に接すること、何が第一級のものであるかを知ることが根本である。専門にこだわって、専門の範囲にきょくせきした読者はだめ、それに何々概論といった風な書物は、まず二流以下のものと考えて間違いない――」とは、幾度か先生の口からもれたお言葉であった。

また、この授業前の短いお話の中で、たくさんの人を紹介された。高貴寺の慈雲尊者、乃木大将、未だわたくしたちが知っていない二宮尊徳、石田梅岩、新井奥邃、東郷元帥、静座の岡田虎二郎先生、金原省吾先生、ブルーノタウト等々。

先生の、授業前の――どんなに長くとも十分はとられなかったが――ほとんど五分に近い短いお話の中に、わたくしたちは、先生の教育の真髄があることを理解した。先生のすべての講義が、すべてこれらのお話を含むものに裏打ちされ、またご講義は、この短話を生むあるものの中に、集約されて行くのであった。それは他の先生方の、時間中のおもしろい雑談とは、およそ次元の異なるものでした。

## 卒業後も

安橋　シカ子

　卒業後も「一年に一度は会って話の聞ける師を持つことは大切だ」との先生のお教えを受けて、先生の斯道会《しどうかい》の講習に出席して、ある時は建国大学当時の凛々《りり》しいお姿を拝見したり、満州からご無事でご一家引揚げられたことを喜んだりしました。戦後の混乱時代には「親と子」によってご子息方と同じ年頃の子を持つ親として、み前にあるように教えていただきましたし、「開顕」や「実践人」を読ませていただいて、今日にいたっております。

## 蜜柑のむき方

萬代　彰子

　学生時代に教えていただいたことで、今に実行していることの一つに、みかんの食べ方、つまり皮のむき方、そして、食べたあとを奇麗に処理する仕方があります。特にお客にいった場合のみに限らず、いつ、どこででも実行してまことに気持ちのよいことであり、みかんの皮をむく度に、私は森先生を思い出すのです。

## まるで湖のように

五百木美須麻流

先生は一礼のあと、くるりと黒板に向かわれて、赤彦の歌を独特の書法でお書きになって、首肯《うなず》かれながら、

「この歌は実にいいですなあ……」

とみじかい言葉でその歌の説明をされます。こうして赤彦の歌を紹介されて講義に入られることは、わたくしたちにとっては楽しみの一つでした。

先生は澱《よど》みなく、まるで蚕の口から糸でも引き出すように話してゆかれるのです。下書きひとつお持ちにならない先生は、後ろに手を組まれて、静かに右に左に歩かれ、時には窓外に目をやられながら、静かに、しかもゆっくりとお話になられたのでした。

教室は、まるで湖のように静かで、咳《せき》一つしない。ただ先生のお声と、紙の上をすべる鉛筆の音ばかり。

速記した講義は、あとから筆で浄書して提出します。書き上げて和綴《と》じにした時の喜び!!「人及び女としての道」と、先生ご自身筆をお取りになって、浄書して下さったことも有難い師のみこころでした。

## 「思い出」とも「独語」とも

稲垣　杏子

三時間もぶっつづけで、倫理、哲学の時

間には時には、万葉の幾首かに論義が及ぶこともありました。純粋にしてかつ切実な心の叫び、朴実な態度について、いつまでも尽きずに話し合ったことなどを思い浮かべております。

わたくしもその後、紆《う》余《よ》曲折に富んだ生活をいたしましたが、あの頃の先生のご講義が、それに対してどんなに慰めになり、また励ましになったことでしょう。

## 垣間見でもされているように

後藤田　礼子

先生のお話は、「人及び女となる道」と題して毎時間、あらゆる角度から微に入り細を穿《うが》って、女のたしなみを説かれたのであって、決して軍国主義的なものではありませんでした。どこから垣間《かいま》見でもされているのではないか、と思われるほどに、わたくしたち女の生活をよく知っておられるようでありました。それこそ赤彦の歌のように、「人生の寂寥《せきりょう》相」を見つめ「自己鍛錬」に徹したものであった、自己反省による慎み深い日本女性を――と念願して教えられたようです。

## まこと

坂　一子

森先生といえば、謹厳そのものの風貌《ふうぼう》と、

ゆったりした先生独得のあるきぶりを思い出します。その教えの中で、今もなお心に強く残って、私の日常生活を支配していることは、「まこと」ということでしょうか。人間は、それぞれ自分の置かれた環境に応じ、その時その場に、正しく身を処するということでした。

電車に乗った時は、電車の客として最良のあり方であるように――教師として子どもの前に立った時は、教師として最も正しくあるように――そしてこの生活態度が日々正しく実行され、しかも重荷となって自分の心を支配しなくなる生活ということでした。

## すかさず黒板に

林田　みち子

さて私たち昭和十一年専攻科卒業生は、先生から西先生の「倫理哲学講話」と「女大学」の講義をお聞きしました。先生の人格からにじみでる雰囲気に化せられるというのでしょうか、先生の御授業は、真剣にお話をお聞きしたものでした。人間としての道、とくに女性としての歩みについて考え、反省する糸口をつけていただいたように思います。

「女大学」の講義は、とても興味をもって聞いた覚えがありますが、さてどんなことをお聞きしたのか、三十年の歳月がすべてを押し流してしまいました。あの頃のノートがもしあったら、もう一度読んでみたいと思います。ただあの頃の先生の講義をなさるお姿だけは、今もはっきりと心に浮かび上がって来ます。黒いひものついた懐中時計を、机の端の方に置かれ、ゆっくりと一語一語嚙《か》みしめるように話された、あの低いお声は、今でも耳の底に焼きついていて消えません。私は教室の一番前でしたので、いつも先生の足先を見ながらノートをとりました。

## 最高のものを

斉木　文枝

京都帝大新卒の倫理哲学の先生が、赴任して来られるというので、夢と希望と好奇心の固まりであるかのような若い乙女たちは、それぞれに、あれこれと未だ見ぬ先生を想像して、かつ緊張し、かつはしゃいだものでした。

　黒紋付のお羽織にセルの袴《はかま》、そして木綿の黒足袋《たび》、初めてお目にかかった先生のお姿に、私共は肝をつぶし、何としても当時（大正十五年）上本町にあった女子師範の雰囲気の中に融《と》け込めるお姿とは思えませんでした。しかし先生の煌々《こうこう》と輝く眼、大きく結んだお口もと、顔の真中にどっかと坐《すわ》ったお鼻、厳然として動ぜざるご風貌、この世のすべてを圧して、人を守護する帝《たい》釈天《しゃくてん》にも似た泰然たるご態度は、最初の講義の時から、私どもの魂のすべてを射止めて、崇敬の的になられた先生でありました。

先生がお美しく聡明な奥様を愛しておられるらしいことは、講義の折々に、それとなく想像していたものでした。

先生は、私たちに対して「物を求めるには、必ずその種の中で最高級の物を求めなさい。着物と羽織は、必ず一度に買いなさい。色の調和を考えて、お金がなければ、できるまでお待ちなさい」。これが先生のお言葉でした。私は〝善の研究〟も〝倫理哲学講話〟も、戦災と共に全部失ってしまいましたが、このお言葉だけは、何ゆえか私の脳裡に刻み込まれて、今では自分のものになり切っています。

## 板書のこと

西岡　静子

先生の御講義を記した一冊のノートも、今は戦災のために残っておりません。しかし、三十何年間の私の教員生活を通して、ただの一度も忘れたことのない事柄がございます。それは、朝出勤と同時に出勤簿に捺印《なついん》すること、そして自分の書いた板書を、いたいけな子供たちに消させてはいけない。

後仕末は必ず自分でするということでした。これらは、先生が何気なく諭されたお教えの一つ一つですが、小さなことのようでありながら、非常に大切なことだと今も思っています。

## かるい反抗

酒井　博子

「魚を上手に食べない女性は世帯持ちが悪い。見合いの席に、もし魚があったら、その食べ方で人柄が分かる」などと言われました。

また「電車に腰掛けた際の傘の置き方いかんで、女性の貞操観念が分かる」ともおっしゃったので、その日の帰途、南海電車の中で、わざとに傘を股間に立てて「今日は貞操観念零の日よ!!」と笑い合った日々、今はさてその傘も折たたみ式と形態が変わる時代となりましたが――。

## 生涯を賭けた迫力

笹島　絹余

先生が最初の時間に申された「修身は徹頭徹尾実行の学ゆえ、教室を出た時から本舞台にかかるわけです。この一年間で皆さんは、まったく生まれ変わった人間になる覚悟をしていただくことが、今年修身科を受け持つご縁が出来たあなた方に対するわたくしの唯一の願いです」と。しかしこの偉大な決心覚悟は、一年や二年で出来るものではなく、私は終生掛かっても尽きないものと、いまだに読ませていただいております。

三十年後の今日なお、私たちの日常生活に、燦然《さんぜん》として不滅の光を放っている先生のご教訓の立派さには、ただただ感動のほかありません。恐らく私の生涯の「人及び女としての道」の唯一の指導書となることと思います。毎時間の速記を、夜を徹して墨書した意味も、身をもってやってみてよく分かりました。その墨書した表紙に、先生の直筆で「人及び女としての道」とお書き下さった筆跡が、今また先生のお人柄を物語っているようです。

まずその日の題目をていねいに板書きされ、一語一語、生涯を賭けられた先生の迫力のこもったお声で、言葉づかいもていねいに、全くそつのないお言葉が、少しも途切れることなく、先生の全身よりほとばしり出るという感じでした。私たちもその熱意のこもったお言葉につい吸いこまれて、一生懸命にそれをペンで書き写す。全く火花が散るように一体になり、すっかり融けこんで、いつしか五十分の時間の経つのも忘れている毎時間でした。

# 終生の師

中村　照

「廊下を歩く時、バタバタ足音をたてるのは、その人の心にしまりのない証拠です」とか、

「電車に乗って膝《ひざ》の間の開いているのは、その人の貞操観念のバロメーターです」とか、

「傘を肩にかたげてさすのは、自立心のない証拠です」

など、一々具体的な事柄について、本当に細かなところまで注意して下さったものですから、肝に銘ずると同時に、先生の前へ出ると、その一つ一つの尺度で、自分が計られているような畏怖《いふ》の念を持ち続けたものでした。


　先日先生にお会いした時、学生時代のお話が出て、「先生は、ずいぶん女の人にはきびしい方でしたよ」と申し上げましたら、破顔一笑、

「そりゃそうです。あなた方を円周とすると、わたくしは円心に立っていて、どの人とも等距離にわが身を置いていたつもりです」とおっしゃったので、わたくしも大笑いしたことでしたが、「修身講義録」の女子師範へのご講義の中にも、そのつもりで拝見すれば、ずいぶんそうした調子が出ているかとも思われます。

# 後記

## 本書発行の経過

まず最初に本書の発行にいたりました経過について申し上げてみたいと思います。以前『致知』誌（平成21年9月号）にて〝『修身教授録』がひらいた世界〟と題して、浅井周英先生㈳「実践人の家」理事長）とわたくし寺田一清との対談記事が掲載され、多くの読者の反響をお聞きすることができました。思えば、平成元年致知出版社より、『修身教授録』が発行されて以来、全国各地に及ぶ読書会やセミナーにて、そのテキストとして活用愛読されるのみか、いまや教育者や経営者の方々及び心ある識者の注目を浴びるにいたっております。

もとよりこの『修身教授録』なるものは、国民教育の師父とたたえられる森信三先生が、かつて昭和11年より昭和14年にいたる大阪天王寺師範学校において「修身科」の教諭として本科一部生のために講義された内容を生徒諸君が筆録したものでありま す。それが当時の国語教壇の指導者、芦田恵之助先生の眼に触れ、五部作として発行されたのでありました。ところでその五部作なるものの内訳は、男子生徒あて三冊、女子生徒あて二冊となっております。実はそのころ、森信三先生は、天王寺師範と同時に大阪女子師範学校においても講義されておりました。その講義録は、「森信三全集」には掲載されたものの、単行本として未刊のままに、現在に及んでおります。

ところが、現在の風潮をかんがえてみるに、この女学生対象の「講義録」なるものも、時代の変化をこえて、永遠不変の真理を内蔵するものであるのを認識するにいたり、致知出版社社長藤尾秀昭氏に進言申しあげたところ、即座にご諒承《りょうしょう》下され、ここにその抄録を一冊としてめでたく陽の目を仰ぐことができたのです。

## 『修身教授録』成立の背景

さてその当時の森信三先生の境遇なり立場のいったんにも触れたいと思います。先生が京都大学哲学科大学院を了《お》えられたのは、齢《よわい》三十六歳、学者として立ちたいという志念をつよく持っておられたのでありますが、与えられた境遇は、師範学校の一教師という、言わば孤独と寂寥《せきりょう》の極みと言うよりほかなかったわけであります。そうした閉塞感を打破すべく、その講義には、異常な教育的情熱をもって生徒諸君に立ち向かわれたという一種の悲痛な覚悟がこめられていたとお察しするのです。

ところでその当時の国内の事情を「年表」により顧りみるに、昭和11年青年将校による二・二六事件、昭和12年盧溝橋《ろこうきょう》で日華事変のぼっ発、昭和13年国家総動員法公布、昭和14年ノモンハン事件の発端、という風雲急を告げる状況でありました。そうした社会的状況を超えて、人生観・宇宙観・男女両性観に立脚した、いわば永遠の真理に基づく立場に立って、あるべき道を説いておられるところに、この「教授録」の特質があり、時代を超えて、傾聴すべきものがあります。それは真の学問の探究の姿勢と、不可避の辛酸苦労の結果、実相への透察が身についておられたからにほかなりません。

## 本書の特質と現代的意義

次に女子師範の女学生を対象とした講義録の特質ともいうべきものについて、その特質の骨子を述べてみたいと思います。㈠「天地始終なく人生生死あり」の死生観に基づき、「人生二度なし」の自覚をもつことの根本たること、㈡男女両性の違いと、それぞれの役割について常に言及しておられること、したがって㈢人として女としての生き方について人間の一生を大観せられ、女として、妻として母としての「生き方」につき克明にのべておられること、なお㈣日常の心得として、女性のたしなみの道を丁寧かつ親切に説きつくしておられること、しかも㈤そうした徳目を身につけるための「着手点」につき、いつも各章の最後につけ加えて下さっている老婆心には頭の下がる思いがいたします。

ところで巷間《こうかん》「女性のたしなみ」や「女性の品格」について力説して下さっている書物も世上散見しますが、根本的に本書と異なる点は、全生命哲学ともいえる「全一的」立場からみた立言のあり方であり、その対象が女性一般でなく、結婚期をひかえた女子学生やこれから女教師の職につこうとする女子学生に説きつくされたものだけに、より深く基本的な事柄に言及している点にその特徴があると言えるでありましょう。

## 「民族の将来」についての深憂

先に述べましたように、本『修身教授録』は昭和11年4月より翌3月にかけて大阪女子師範生第3学年に対して行われたもので、森信三先生のおん齢41歳の時期にあたるものであります。その後、晩年75歳になられ、新たに稿を改め、『幻の講話』全5巻を執筆しておられますが、その内の第3巻は、「女生徒」に対する講義録で、もとより根本的な立場の違いはもちろんないわけですが、表現上の言い回しにおいて、いささか丁重さを加味されているように思われます。いずれをとるかは、読者諸姉の好みによるとはいえ、より基本的な見地ならびに情熱的な面で、わたくしとしては『修身教授録』を優先したく思うわけであります。

なお森信三先生の言葉を『幻の講話』や『一日一語』その他より選んで適所に補足掲載しておりますので、あわせてご注目いただきたいと思います。

ところで森信三先生が晩年、憂慮せられたことは、日本人の質の低下をこえた異質化でありました。森信三先生の言葉をかりますと、「日本民族の使命は、東西文化の融合にあり、その縮図づくりである」とさえ提言されましたが、今こうした使命の実現に、果たして耐え得るや否や、深く憂慮されるにいたっておられました。とりわけ戦後教育の欠陥が、とりわけ女性の弛《ゆる》みを助長したかの念を禁じえないとのことであります。「民族の将来は女性のあり方でほぼ推測せられる」とさえ助言されるにいたっております。何となれば、わが子の教育の責任は80％母親の責任にありとするお考えに基づくものであります。

戦後60年余たった今日、「男女共学」について六・三・三制の学校過程において、今になって、一考を要してもいいのではないかとさえ、提言されるにいたっておられました。それには大いに批判される面もあろうかと思いますが、時代の風潮をこえて、本書をあえて出版するにいたりましたひそかな意図もお汲《く》みとりいただきたいと思います。

最後に本書の出版につきまして藤尾社長様には篤くご認識をたまわり、直ちに、出版発行をお引き受けいただいたことは、末筆ながら厚く御礼を申し上げる次第であります。なお、編集部の番園雅子様の細やかなご配慮と献身的なご尽力には衷心《ちゅうしん》より感謝申し上げます。ありがとうございました。

編者　寺田一清

本書は、主として昭和十一年四月より翌三月にかけて、一年間、大阪府女子師範学校の本科第一部の三年生に対して行われた講義を改めて編集したものです。

なお、編集にあたっては、多少順序を変更するとともに、文字表記は原則として新字体・新仮名遣いとし、現代の時代感覚に合わない個所についての改訂は、本講義に流れる先生の息遣いを損なわない範囲にとどめました。

著者略歴

## 森信三

明治29年9月23日、愛知県知多郡武豊町に端山家の三男として生誕。両親不縁にして、3歳の時、半田市岩滑町の森家に養子として入籍。半田小学校高等科を経て名古屋第一師範に入学。その後、小学校教師を経て、広島高等師範に入学。在学中、生涯の師・西晋一郎氏に出会う。後に京都大学哲学科に進学し、西田幾多郎先生の教えに学ぶ。大学院を経て、天王寺師範の専任教諭になり、師範本科生の修身科を担当。後に旧満州の建国大学教授に赴任。50歳で敗戦。九死に一生を得て翌年帰国。幾多の辛酸を経て、58歳で神戸大学教育学部教授に就任し、65歳まで務めた。70歳にしてかねて念願の『全集』25巻の出版刊行に着手。同時に神戸海星女子学院大学教授に迎えられる。77歳長男の急逝を機に、独居自炊の生活に入る。80歳にして『全一学』五部作の執筆に没頭。86歳の時脳血栓のため入院し、以後療養を続ける。89歳にして『続全集』8巻の完結。平成4年11月21日、97歳で逝去。

編者略歴

**寺田一清**（てらだ・いっせい）

昭和２年大阪府生まれ。旧制岸和田中学を卒業し、東亜外事専門学校に進むも病気のため中退。以後、家業の呉服商に従事。40年以来、森信三師に師事、著作の編集発行を担当する。社団法人「実践人の家」元常務理事。編著書に『森信三先生随聞記』『二宮尊徳一日一言』『森信三一日一語』（いずれも致知出版社）など多数。

女性のための「修身教授録」

平成二十一年十一月二十一日第一刷発行
令和四年八月三十日第三刷発行

著者　森　信三
編者　寺田　一清
発行者　藤尾　秀昭
発行所　致知出版社
〒150-0001東京都渋谷区神宮前四の二十四の九
TEL（〇三）三七九六―二一一一
印刷・製本　中央精版印刷

落丁・乱丁はお取替え致します。　（検印廃止）



ISBN978-4-88474-866-1 C0037
ホームページ　https://www.chichi.co.jp
Ｅメール　books@chichi.co.jp